SOCIAL WORK PRACTICE

ソーシャルワーク実習の新たな展開

―連携と協働でつくるプログラムとマネジメント体制―

鳥羽美香・篠原純史・平野裕司　[編著]

学 文 社

執 筆 者

＊鳥羽　美香　文京学院大学（はじめに，第1章 ①②③⑤，第3章 ⑤）

＊篠原　純史　文京学院大学（第2章，第3章 ⑤，おわりに）

＊平野　裕司　文京学院大学（第3章 ①②③④⑤，おわりに）

　金子　恵美　文京学院大学（第3章 ⑤）

　鈴木　剛士　社会福祉法人白十字会（第1章 ④）

　高橋　明美　文京学院大学（第3章 ⑤）

　田嶋　英行　文京学院大学（第3章 ⑤）

　中島　　修　文京学院大学（第3章 ⑤）

（執筆順：＊は編者）

は じ め に

社会福祉士の教育カリキュラムが改定され，2021年度から新カリキュラムとなった。それまでの相談援助実習は，ソーシャルワーク実習に変わった。

厚生労働省によれば，今回のカリキュラム改定は，「ソーシャルワーク機能の実践能力を有する社会福祉士を養成」ということが強調され，特に実習に関しては，「ソーシャルワーク機能の実践能力を有する社会福祉士を養成するため，施設や事業所等の現場において実践能力を養う実習科目において，地域における多様な福祉ニーズや多職種・多機関協働，社会資源の開発等の実態を学ぶことができるよう，実習の時間数を拡充し，2以上の実習施設で実習を行うこととする」（社会福祉士養成課程における教育内容等の見直しについて：厚生労働省　2019）というように従来の180時間実習から，240時間実習へと時間数が増大した。

「ソーシャルワーク専門職である社会福祉士に求められる役割等について」（厚生労働省 2018）によれば，少子高齢化の進展などにより，ニーズの多様化などがあり，既存の制度での対応の困難さが顕著になってきており，特に社会福祉士に求められるのは，制度横断的な課題への対応，社会資源の開発などの役割が担えること，そうした地域の中で共生社会を支援できる人材，実践能力であるということが強調された。

以上の通り地域社会においては，ミクロからマクロの課題まで，様々な生活課題があり，それらに対応できる力量のある社会福祉士（ジェネラリスト・ソーシャルワーカー）の養成が喫緊の課題になっている。

地域共生社会の実現に向けた各地の取り組みには，様々なケースがあると思われるが，筆者たち（文京学院大学人間学部人間福祉学科）が実習教育の中で経験してきた事例の中にも，多職種協働や地域のニーズを把握して働きかけていった事例など，ミクロ・ソーシャルワークからマクロ・ソーシャルワークまで，幅広く学生が学べるような知見が多くみられた。

本書では，文京学院大学人間学部人間福祉学科における過去20年余りにわたる社会福祉士，精神保健福祉士，介護福祉士の養成教育の中で実習機関・施設と培ってきた実習指導者との連携，実習マネジメントを改めて振り返り，検証したいと考える。

さらに私たちは，今回，新カリキュラムの目指す社会福祉士養成のあり方に関して検討することを軸として，その「実践力」を育成する中核である実習プログラムを中心に検討し，社会福祉士養成に関わる現場と学生，教員体制という3つのシステムのマネジメント役割や関係，方向性に関して考察したい。その中で社会福祉士養成の目指すところに関する提言ができたらと考える次第である。

2024年12月吉日

編著者一同

目　次

はじめに　3

第1章　ソーシャルワーク専門職と実習の位置づけ ——————————— 7

1　社会福祉士誕生の背景と現在まで ……………………………………………… 9
2　社会福祉士養成課程における教育内容の見直しの方向性 ……………………… 10
3　2021年度新カリキュラムにおけるソーシャルワーク実習の目的・内容とは？〜地域共生社会に向けた目指すマクロ・ソーシャルワークと多職種協働の視点〜 …………………… 11
4　地域共生社会の実現に向けた社会福祉士の役割とソーシャルワーク実習 ……… 13
　（1）ボランティア活動の開始　14／（2）多職種協働と地域サービスとの連携　14／（3）里孫活動　15／（4）ボランティアとともにつくる地域の食事会　15／（5）実習生にとっての地域共生社会への理解とマクロ・ソーシャルワーク　16
5　多職種協働とチームアプローチの理解について ………………………………… 16
　（1）看取り支援における多職種協働　17／（2）デイサービスにおける多職種協働・言語リハビリ教室の開催　17

第2章　実習マネジメント ———————————————————— 19

1　ソーシャルワーク実習における3つの柱 ……………………………………… 21
2　実習マネジメントの概要と意義 ………………………………………………… 21
3　実習マネジメントの対象 ………………………………………………………… 22
　（1）実習施設・機関の役割と責任　23／（2）養成校の役割と責任　26／（3）実習生の役割と責任　29／（4）実習施設・機関間のマネジメント　30／（5）実習におけるリスクマネジメント　31／（6）実習中の保険加入　34

第3章　実習プログラミング ———————————————————— 37

1　社会福祉士養成課程カリキュラム見直しに伴うソーシャルワーク実習のあり方と実習プログラミングの必要性 …………………………………………………… 39
　（1）ソーシャルワーク実習の「ねらい」　39／（2）ソーシャルワーク実習の「教育に含むべき事項」　41
2　基本実習プログラムの必要性と作成のプロセスとポイント …………………… 44
　（1）基本実習プログラムの必要性　44／（2）新カリキュラムにおける基本実習プログラムの作成のための視点と枠組み　44／（3）実習プログラミングの方法と基本実習プログラムの作成プロセスと重視した点　47／（4）基本実習プログラムを用いた実習計画書の作成プロセスと重視した点　49／（5）基本実習プログラム作成によって得られた成果と課題　49
3　社会福祉士養成課程における実習施設・機関の範囲 …………………………… 51
4　実習プログラミング〜代表例〜 ………………………………………………… 53
5　領域ごとに見る基本実習プログラム …………………………………………… 58
　【高　　齢】
　【社会福祉法人白十字会　特別養護老人ホーム白十字ホーム】　58
　【社会福祉法人うらら　赤羽高齢者あんしんセンター】　66
　【社会福祉法人サンライズ　特別養護老人ホームサンライズ大泉】　73
　【社会福祉法人浴風会　養護老人ホーム浴風園】　80

【障　害】
【社会福祉法人　けやきの郷初雁の家】　89
　【医　療】
【医療法人真正会　霞ヶ関南病院】　97
　【児童・女性支援】
【社会福祉法人　二葉保育園児童養護施設二葉学園】　104
【社会福祉法人　ベテスダ奉仕女母の家かにた婦人の村】　110
【新宿区立かしわヴィレッジ】　117
　【地　域】
【社会福祉法人　練馬区社会福祉協議会】　123

社会福祉士養成課程の今後のあり方　132

おわりに　133

索引　135

編著者・執筆者・執筆協力者一覧　136

第1章

ソーシャルワーク専門職と
実習の位置づけ

1 社会福祉士誕生の背景と現在まで

　わが国においては，1970年時点では，高齢化率が7％だったが，その後急速に高齢化が進み，1985年には10.3％となり，その経過の中で，「寝たきり老人」問題や「認知症」問題が浮上してくるようになった。

　要介護高齢者を受け入れる特別養護老人ホームに関しては，1970年に『社会福祉施設緊急整備五か年計画』が出されて以降増加していき，1980年には全国で1000カ所を超えた。しかし，寝たきりや認知症への対応は十分にできず，1972年に老人医療費支給制度ができると，医療機関への受診が増えた。

　さらに，1972年に発表された有吉佐和子の小説『恍惚の人』では，認知症を発症した舅を介護する長男嫁の姿が壮絶に描かれ，1973年には映画化もされて「認知症（当時は痴呆）」の実態と，サービスが十分に使えない中での家族介護負担の大きさについて，一般社会の関心を集めた。

　この頃，特別養護老人ホームの機能を補完する老人病院が各地にできていった。いわゆる社会的入院が増加しなかには悪徳病院の実態の問題などもあり，そういった状況の中，各地の老人ホームや医療機関において，介護や相談業務を担う職員の質的，量的確保が喫緊であるとの認識から，国家資格化された。1987年に「社会福祉士および介護福祉士法」が施行された。

　社会福祉士は医師等と異なり，名称独占の資格である。また，「ジェネラリスト・ソーシャルワーク」を実践する専門職として位置づけられている。

　ジェネラリスト・ソーシャルワークとは，従来のケースワーク，グループワーク，コミュニティオーガニゼーションとして発展してきたソーシャルワークが，一体化され，共通基盤をもつことにより，多様性のあるクライエントを対象とするものであり，ミクロからマクロまでの総合的かつ包括的な支援を行う。ジェネラリスト・ソーシャルワークは1990年代以降に確立したソーシャルワークの体系であるが，「人と環境の交互作用」に焦点をあてたエコロジカル・ソーシャルワークが1980年代に発達してきたことにも大きな影響を受けている。

　このように，ジェネラリストとしてのソーシャルワーカーの国家資格が「社会福祉士」ということであり，その活動範囲は広範にわたる。例えば，2005年の介護保険法改正により設置された地域包括支援センターには，社会福祉士が必置となっており，地域包括支援センターが地域の高齢者に対応する総合相談窓口，ワンストップサービスとしての機能をもつことから，ジェネラリスト・ソーシャルワーク実践に対応した機関であると思われる。また，高齢者のみならず児童，障害者，医療，公的扶助，権利擁護，更生保護，就労支援，学校など，様々な領域にその需要は広がってきている。

> **社会的入院**
> 　家族の受け入れや環境面などの理由から，退院できず，積極的な治療は必要ないものの長期療養し，入院している状況のこと。理由としては，居宅サービスや施設サービスの不足等が挙げられる。

2 社会福祉士養成課程における教育内容の見直しの方向性

2019 年に厚生労働省から出された「社会福祉士養成課程における教育内容等について」によれば，今後求められるソーシャルワーク機能としては以下の通りである。

1. 複合化・複雑化した課題を受け止める多機関の協働による包括的な相談支援体制を構築するために求められるソーシャルワークの機能。
2. 地域住民等が主体的に地域課題を把握し，解決を試みる体制を構築するために求められるソーシャルワークの機能。

以上を担うソーシャルワーカーとして，「地域共生社会の実現を推進し，新たな福祉ニーズに対応するためには，これらのソーシャルワーク機能の発揮が必要であり，ソーシャルワークの専門職である社会福祉士が，その役割を担っていけるような実践能力を習得する必要があることから，現行のカリキュラムを見直し，内容の充実を図っていく必要がある」(厚生労働省，2019)とある。

これらを実現させるために，1 養成カリキュラムの内容の充実，2 実習及び演習の充実，3 実習施設の範囲の見直し等が必須であるとした。以下の通り，「ソーシャルワーク機能の実践能力を有する社会福祉士を養成するため，『講義−演習−実習』の学習循環を作るとともに，ソーシャルワークの専門職である社会福祉士と精神保健福祉士の養成課程において共通して学ぶべき内容（共通科目）と，社会福祉士として専門的に学ぶべき内容が明確になるよう，科目を再構築する」(厚生労働省，2019)とある。

> **包括的な相談支援体制**
> クライエントのニーズは現在多様化し，複雑化している。機関やサービスが制度別に縦割りで対応しているとクライエントのニーズに総合的に対応できないため，地域の中で多機関の連携・協働による相談体制を作り対応すること。

図表 1 − 1

現行の科目	時間数	➡	見直し後の科目	時間数
⑥相談援助の基盤と専門職	60	➡	⑥ソーシャルワークの基盤と専門職	30
			⑦ソーシャルワークの基盤と専門職（専門）	30
⑦相談援助の理論と方法	120	➡	⑧ ソーシャルワークの理論と方法	60
			⑨ ソーシャルワークの理論と方法（専門）	60
⑳相談援助演習	150	➡	⑳ ソーシャルワーク演習	30
			㉑ソーシャルワーク演習（専門）	120
㉒相談援助実習	180	➡	㉓ ソーシャルワーク実習	240

出所）厚生労働省「社会福祉士養成課程における教育内容等について」(2019 年)

以上の通り，「ソーシャルワーク機能の実践能力」を有する社会福祉士の養成，ということがキーワードとなった。

第1章　ソーシャルワーク専門職と実習の位置づけ

3 **2021年度新カリキュラムにおけるソーシャルワーク実習の目的・内容とは？**
〜地域共生社会に向けたマクロ・ソーシャルワークと多職種協働の視点〜

2019年の「社会福祉士養成課程における教育内容等について」（厚生労働省）において，新カリキュラムにおいて特に重点を置いて見直した点は，「実践能力」ということであるが，新カリキュラムの実習に関しては，次の通りである。

ソーシャルワーク実習に関しては，従来の180時間から240時間に増やし，「ソーシャルワーク機能の実践能力を有する社会福祉士を養成するため，施設や事業所等の現場において実践能力を養う実習科目において，地域における多様な福祉ニーズや多職種・多機関協働，社会資源の開発等の実態を学ぶことが出来るよう，実習の時間数を拡充し，2以上の実習施設で実習を行うこととする」（厚生労働省，2019）

また，2018年に社会保障審議会福祉部会福祉人材確保専門委員会でまとめられた「ソーシャルワーク専門職である社会福祉士に求められる役割等について」においては，社会福祉士の役割として，次のように指摘されている。

① 社会福祉士は，高齢者支援，障害児者支援，子ども・子育て支援，生活困窮者支援等の幅広い分野で活用されている。また，社会保障分野のみならず，教育や司法などの分野においてもその活用が期待されている。

② 少子高齢化の進展など，社会経済状況の変化によるニーズの多様化・複雑化に伴い，既存の制度では対応が難しい様々な課題が顕在化してきている。また，子ども・高齢者・障害者など全ての人々が地域，暮らし，生きがいを共に創り，高め合うことができる「地域共生社会」の実現を目指しており，社会福祉士には，ソーシャルワークの機能を発揮し，制度横断的な課題への対応や必要な社会資源の開発といった役割を担うことができる実践能力を身につけることが求められている。

③ 地域共生社会の実現に向けた各地の取組には，社会福祉士が中心となり，地域住民等と協働して地域のニーズを把握し，多職種・多機関との連携を図りながら問題解決に取り組んでいる事例などがある。地域の様々な主体と連携した取組が必要となる中で，社会福祉士には，地域住民の活動支援や関係者との連絡調整などの役割を果たすことが求められている（厚生労働省　社会保障審議会福祉部会福祉人材確保専門委員会，2018）。

さらに，同委員会報告によると「地域共生社会の実現に向けて複合化・複雑化した課題を受け止める多機関の協働による包括的な相談支援体制や地域住民等が主体的に地域課題を把握し解決を試みる体制の構築が重要であることを踏まえ，ソーシャルワークの専門職として，これらの体制を構築するために必要となる実践能力を習得できる内容とすべきである」として具体的に，新カリキュラムにおいては，社会福祉士が，個人及びその世帯が抱える課題への支援

コーディネーション
サービスや社会資源を調整すること。ケアマネジメントとほぼ同義。

ファシリテーション
ケア会議などで，論点を明確化したり，意見を促したりする進行・まとめ役。

プレゼンテーション
福祉・医療の現場において，研修やケア会議などで，企画案や支援方針などを多職種にもよりわかりやすく説明すること。その際，プロジェクターやスライドなどのツールを使うとより視覚的にも効果的である。

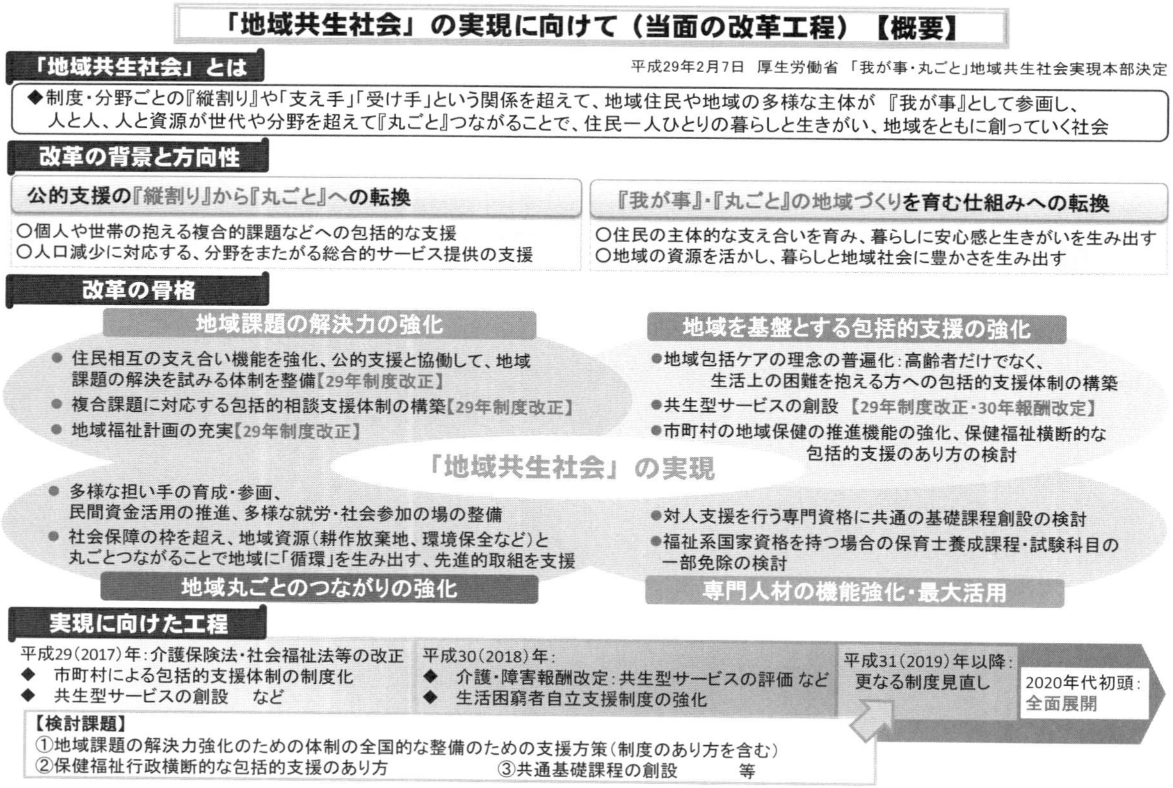

を中心として，分野横断的・業種横断的な関係者との関係形成や協働体制を構築し，それぞれの強みを発見して活用していくため，コーディネーションや連携，ファシリテーション，プレゼンテーション，ネゴシエーション（交渉），社会資源開発・社会開発などを行うとともに，地域の中で中核的な役割を担える能力を習得できる内容とすべきである，とある。

　以上を概観すると「地域共生社会の実現」のために社会福祉士が子ども，高齢者，障害者など分野の垣根を越えて地域における複合化・複雑化した課題を受け止め，多機関協働で機能する体制の構築をし，コーディネーションや連携，ファシリテーション，プレゼンテーション，ネゴシエーション（交渉），社会資源開発・社会開発などの力を発揮するという役割が述べられ，それらを実践的に学ぶ科目がソーシャルワーク実習（240 時間）であるということになる。

　従来の社会福祉士養成課程における相談援助実習を始めとした教育内容においては，対人援助に重点が置かれ，マクロ・ソーシャルワークに関しては，実践的な学びが不十分であったことは否めない。

　実習期間の時間的な制約や，リアルタイムでマクロ・ソーシャルワーク実践を実習中に学ぶというノウハウが育ってこなかった側面もあるかと思われる。

図表 1 − 2

出所）厚生労働省「『地域共生社会』の実現に向けて（当面の改革工程）」（平成 29 年）

しかし，新カリキュラムにおいて，「地域共生社会の実現を推進し，新たな福祉ニーズに対応する」実践能力を身につけるという目標を鑑みると，地域社会への働きかけ，マクロ・ソーシャルワークを実習施設と養成校がどのように連携を取りながら実習計画の中に取り入れられるか，は大きな課題となる。

ちなみに「地域共生社会」とは，厚生労働省によれば，「社会構造の変化や人々の暮らしの変化を踏まえ，制度・分野ごとの『縦割り』や『支え手』『受け手』という関係を超えて，地域住民や地域の多様な主体が参画し，人と人，人と資源が世代や分野を超えつながることで，住民一人ひとりの暮らしと生きがい，地域をともに創っていく社会を目指すもの」である（厚生労働省，2017）。

新カリキュラムにおいて，地域共生社会の実現における社会福祉士の役割としては，実習プログラムの中で，以下の通りの位置づけがある。以下，国通知のソーシャルワーク実習教育に含むべき事項から見てみる。

・当該実習先が地域社会の中で果たす役割の理解及び具体的な地域社会への働きかけ

・地域における分野横断的・業種横断的な関係形成と社会資源の活用・調整・開発に関する理解

以上，この 2 項目が特に地域に関連するマクロ・ソーシャルワークに該当する項目ではないかと考える。

これらを包括的に 180 時間，もしくは 60 時間実習の中で学生が学ぶことに関しては，リアルタイムで学べるものばかりではなく，その施設が長年の実践の中で，培ってきたものが中心となると推察する。

さらにそのマクロ・ソーシャルワークを支えるには，チームで働きかける視点も必要となる。多職種協働である。ソーシャルワーク実習教育に含むべき事項における「多職種連携及びチームアプローチの実践的理解」である。

以下，国通知のソーシャルワーク実習教育に含むべき事項から，事例を通して検討してみる。

> **ネゴシエーション**
> コミュニケーションスキルのひとつ。交渉・折衝を円滑にするスキルのこと。

> **マクロ・ソーシャルワーク**
> 地域社会や制度・政策に働きかけるソーシャルワークのことである。ミクロ・ソーシャルワーク（本人・家族を対象にしたソーシャルワーク）との対比で用いられることも多い。

4 地域共生社会の実現に向けた社会福祉士の役割とソーシャルワーク実習

地域住民や地域の多様な主体が参画するマクロ・ソーシャルワーク実践としては，次の通り，事例を紹介する。なお，以下の事例における詳しい実習プログラムにおいては，第 3 章に詳細に考察した。

事例：白十字ホームにおける地域共生社会の実現に向けたソーシャルワーク実践

白十字ホームは東京都東村山市に位置する特別養護老人ホームである。特別養護老人ホームは，周知のとおり，1963 年老人福祉法上に規定され，施行された施設である。白十字ホームは 1967 年 6 月，東京都で 10 番目の施設として

誕生した。

(1) ボランティア活動の開始

　当時は，特別養護老人ホームの運営のあり方は手探り状態であったという。社会福祉法人白十字会は結核治療・予防を目的に1911年に18名のクリスチャン医師によって創設した社会福祉法人であり，当初から特別養護老人ホームに隣接した病院（東京白十字病院）があり，緊密な連携が図られていた。開設当初から都内各所のキリスト教会の人々との交流があり，そういったことが母体となって，ボランティア活動の取り組みも早くからみられた。1972年に「奉仕係」としてボランティア活動を開始した。当時はボランティアという言葉も一般的ではなかったという。

(2) 多職種協働と地域サービスとの連携

　日本で最初に公的制度としての訪問看護事業が始まったのは，1974年のことである。東村山市が東京白十字病院に委託した「訪問看護事業」である。市医師会が中心となり，「老人保健福祉事業」を開始し，65歳以上老人の調査を行い健康状態だけでなく生活状況も把握，支援につなげた。さらに1978年からは，東村山市社会福祉協議会に委託し，財政的にも安定した事業となった。

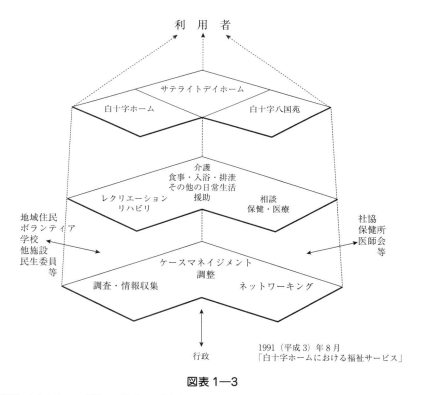

図表1—3

出所）白十字ホーム「明日に繋げたい白十字ホームのケア」(2017年)

第1章　ソーシャルワーク専門職と実習の位置づけ

その間，老人地域サービスが開始され，ボランティア養成，地域での住民活動の支援などの今日の地域共生社会につながる実践が始まった。さらに東京都老人総合研究所との協働で，ホーム内でチームカンファレンスが開始された。

また，この活動の中では，白十字ホームは地域の一員として，入所者も「地域住民」として地域の活動に参加している。1978年からは地域住民のボランティアが臨床ボランティアという名称で家族のような関係で身寄りのない入所者へ訪問する活動が始まった。

白十字ホームでは，これらにみるように，比較的早い段階から，地域社会に向けた取り組みを行ってきた。歴史的な積み重ねが現在のケアを形成しているといっても過言ではないだろう。

(3) 里孫活動

現在の地域活動の代表的な取り組みは，地域の小学校との里孫活動が挙げられる。

里孫活動は，1991年から始まった地域の公立小学校との交流活動である。それまで，1988年ごろより運動会の見学や焼き芋大会などの行事参加の交流など，白十字ホームと小学校との交流がベースとしてあり，1991年に5年生の担任教員より，日常的な交流をという提案に応じて，ホームと学校との間で取り組まれたものである。ホーム側は相談員（ソーシャルワーカー）が窓口となり，調整を行ってきた。

小学校5年生から6年生で卒業するまでの2年間，児童4人〜6人のグループと高齢者2名が交流することになった。あるエピソードによると，小学生が「失語症の高齢者を元気にさせたい」という目標をたて，具体的に交流の計画を立てる。「昔遊びを通し，お年寄りが子どもの時に楽しんだ遊びを聞く」というものなどである。小学生が紙相撲を準備しゲームを行った。熱中して行っているうち，高齢者にも笑顔が見えた，などである。

こうした活動を通して，子どもたちにとっては，年齢も離れ，様々な疾患があり，普段交流することのない老人ホームの高齢者の生活について，少しずつ理解が生まれ，また高齢者にとっても張りのある生活につながるなど，良い効果が表われているという。

(4) ボランティアとともにつくる地域の食事会

1990年7月から，A町の2カ所の自治会館で，「ふれあい昼食会」を地域のボランティアが月4回（それぞれの自治会館で月2回ずつ）開催するようになり，白十字ホームが昼食を提供して活動をバックアップするようになった。

その地域のボランティアたちが市の配食サービスの配達を従来担当していたが，途中から市の方針が変わり，ボランティアではなく，老人ホームが直接高

齢者宅まで配食する形式に変わってしまったとのこと。そのため，A町のボランティアは自分たちで何かできないかということを模索している時に，白十字ホームで実施されていた地域高齢者向けの昼食会のことを聞き，見学にいったのが食事会のキッカケであったという。

この活動も継続して行っているが，ボランティアと施設の調理係を結ぶ役割（コーディネート）をホームの相談員が担ってきた。まさに地域ニーズへの働きかけ，地域住民の力の活用と，施設の支援という，施設が施設外へ飛び出し，今までにないものを生み出したソーシャルアクション事例といえる。

(5) 実習生にとっての地域共生社会への理解とマクロ・ソーシャルワーク

以上，白十字ホームの地域活動事例を概観した。このような施設で行われているボランティアや里孫活動などを実習生が体験することは，改めて，人が生活している地域社会への理解につながると思われ，マクロ・ソーシャルワークにおける社会福祉士の役割を学ぶ一端になるかと思われる。

前述の通り，今回の新カリキュラムにおける実習プログラムにおいて，ソーシャルワーク実習教育における含むべき事項に，「当該実習先が地域社会の中で果たす役割の理解及び具体的な地域社会への働きかけ」とある。これは，まさに地域共生社会を形成する指向性を指し，その中で，どのように社会福祉士が働いていくのか，が問われるのである。

5 多職種協働とチームアプローチの理解について

白十字ホームにおける実習プログラムをみてみると，多職種協働に関しては，ソーシャルワークの実践の場の理解においては，以下の通りである。

1. 看取りの事例，言語聴覚士（ST）の嚥下困難な利用者への支援事例を読む。
2. 様々な事例におけるチームワークの実際に関して，ケアカンファレンスの参加をし，記録を書く。
3. デイサービス等他事業所の紹介を受け，社会資源の機能を理解し資源マップ作りをすすめる。
4. 資料やホームページ，職員の話を聞き，実習施設の機関，機能を理解する。
5. アウトリーチ，コーディネーション，チームワークの重要性について調べる。
6. 資源マップを完成させ，それぞれの機関の役割を理解し，説明する。看護師，リハビリテーション，栄養士等，多職種の機能，役割について理解する。

> **ケアカンファレンス**
> クライエントの支援方針やケア方針などを多職種が集まって検討する会議。

前述の里孫活動などにも多職種協働は必要であり，実際に小学校教員，ホー

ムの相談員，看護師，ヘルパー等がチームを組んでいる。

さらに，白十字ホームでは，1. にあるように看取りの支援を積極的に行っており，看取りに関する多職種協働を実習生が学ぶ，ということも可能になっている。

（1）看取り支援における多職種協働

白十字ホームにおける看取り支援の概要を鈴木氏の論文（鈴木：2024）の記載を基に以下に述べる。

近年白十字ホームで看取りにより死亡される方が年々増加傾向にあるとのことである。

鈴木氏によれば，入所から看取りまでにたどる標準的な経過として，(1) 適応期，(2) 安定期・不安定期，(3) 看取り期というようなステージを想定し，あくまでも本人主体で関わっていく。さらに，家族にも理解しやすいように，白十字ホームにおける看取り介護の考え方やできることを示した「白十字ホーム看取り介護指針」や「看取りのしおり」を説明するという。

そして，多職種協働という点では，医師，看護師，介護士，栄養士，生活相談員などの関係職種の協力体制の構築を行う。

一方で，高齢者の場合は加齢や疾病等による心身機能の低下により，衰弱傾向の出現や進行も起き得るため，医療面での支援や状態変化に応じた生活支援を適宜行っていく。

安定期と不安定期を繰り返しながら看取り期へと向かっていくが，できる限り，心ゆたかな安定期を1日でも長く送れるように支援に努めているという。

白十字ホームでは，看取り介護は，何か特別なことをしなければならないということではないという。日常生活の延長線上，日常の施設サービスの延長線上にあると捉えたうえで，日常ケアの充実を図っていくことが大変重要な点であるとのことである。

さらに白十字ホームにおける多職種協働事例をもう一つ見てみよう。

（2）デイサービスにおける多職種協働・言語リハビリ教室の開催

1990年6月に東京都東村山市において，第1番目のデイサービスとして白十字八国苑は誕生した。白十字ホームの併設施設である。市にとって初めてのデイサービスということで，何もかも手探りであった。当初は，基本事業，給食サービス，入浴サービス，機能訓練で開始し，1日の利用者数も15名という小規模なものであった。

町内で活動しているボランティアたちも，最初から積極的に活動に参加してもらえるように働きかけた。

デイサービスが発足してから，現場の声として失語症や構音障害に悩む高齢者は思いの外多く，相談できるところがない，という話を相談員が聞いた。そのため，地域の病院の言語聴覚士の協力で1994年4月より言語リハビリ教室「八国の森の会」を発足させることになった。失語症や構音障害に悩む高齢者の方たちや，そのご家族へのサービスとして発足。当時はデイサービスで言語リハビリを実施しているところは都内でも殆どなく，先駆的な取り組みであった。

こうして言語聴覚士，看護師，介護職，相談員，家族，ボランティアの協働で，教室を発足させ，現在も続いている取り組みである。

以上，白十字ホームの取り組みとして，地域社会へ向けた取り組み，A町食事会や里孫活動，多職種協働としての看取り支援と言語リハビリ教室の発足について述べた。実習生にとっての地域共生社会への理解とマクロ・ソーシャルワークにつながる事例であると思われる。

基本実習プログラムには，まさにこのあたりのところが，明記されており，実習生にとっては生きた学びになる。

しかし，これらの活動も施設の普段の活動として，淡々と実施されていたのでは，その位置づけや重要性を見逃してしまう。実習指導者と養成校の間で，協力してよくプログラムを練り上げ，効果的に学生が学べるような基盤を作ることが重要なのは，言うまでもないだろう。そういった意味で，今回の新カリキュラムは実習施設の取り組みの重要性を明確にし，何を学んでもらうか，を十分に吟味することで，効果を上げるものであると思われる。

参考文献

厚生労働省（2019）「社会福祉士養成課程における教育内容等の見直しについて」

厚生労働省（2018）「ソーシャルワーク専門職である社会福祉士に求められる役割等について」

厚生労働省（2017）「『地域共生社会』の実現に向けて（当面の改革工程）」

白十字ホーム（2017）「明日に繋げたい白十字ホームのケア」

白十字ホーム家族会・白十字ホーム「看取りを考える勉強会報告書」2014年版，2018年版

鈴木剛士ほか（2024）「特別養護老人ホームにおけるターミナルケア」『地域連携教育研究』第17号文京学院大学　地域連携センター BICS 10頁〜28頁

白十字ホーム実践検証研究会（2013）「白十字ホームにおける利用者本位のケアの実現に向けて　介護保険下の実践検証研究会報告書」

第 **2** 章

実習マネジメント

実習マネジメント

第 2 章　実習マネジメント

1　ソーシャルワーク実習における 3 つの柱

　本章では，文京学院大学（以下，本学という）の社会福祉士養成課程における
取り組みを参考に，実習マネジメントの概要や実習マネジメントにおいて重要
となるリスクマネジメントのポイントを解説する。

　ソーシャルワーク実習では，ソーシャルワーク専門職を目指す学生が養成校
での講義や演習で学んだソーシャルワークの価値・知識・技術をもとに，ソー
シャルワーク実践の現場における具体的な実習体験を通じて，ソーシャルワー
ク専門職に求められる実践力を養う。

　ソーシャルワーク実習がより良い学びの機会になるためには，実習指導体制
の構築（リスクマネジメントを含む）に関する「実習マネジメント」，実習指導の
具体的内容やその順序を作成する「実習プログラミング」，そして効果的かつ
効率的な実習指導を行う指導方法としての「実習スーパービジョン」が重要な
柱となる。これらの取り組みが組み合わさることで，ソーシャルワーク実習が
クライエントの利益に資するソーシャルワーク専門職を養成する機会となる。
ソーシャルワーク実習における 3 つの柱について図表 2 − 1 に示す。

> **実習スーパービジョン**
> 　実習において実習生の成
> 長をサポートし，実習体験
> が有意義なものになるため
> に行われるスーパービジョ
> ンである。養成校で学んだ
> 価値・知識・技術と実習体
> 験の結びつきの確認，実習
> プログラムの進捗や理解度
> の確認，実習生のモチベー
> ションの維持・向上に向け
> た関わりが重要となる。

図表 2 − 1　ソーシャルワーク実習における 3 つの柱

2　実習マネジメントの概要と意義

　実習マネジメントは「ソーシャルワーク実習の目的を達成するために，限ら
れた資源（人的資源・物的資源・財政的資源・時間的資源（機会）・情報的資源（ノ
ウハウを含む））等を，効果的，効率的に活用すること」である（公益社団法人日
本社会福祉士会：2022）。実習マネジメントを通じて，実習施設・機関と養成校
はそれぞれの役割と責任を理解し，有機的に連携・協働する。これにより，限
られた実習期間内で効果的かつ効率的な実習指導が実現し，実習体験を通じた

より良い学びが創出され、ソーシャルワーク実習の目的が達成される。実習マネジメントの概要を図表2-2に示す。

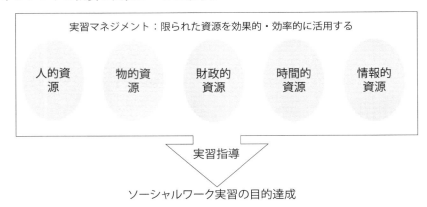

図表2-2 実習マネジメントの概要

出所）公益社団法人日本社会福祉士会編（2022）『新版 社会福祉士実習指導者テキスト』中央法規, p.46 をもとに筆者作成

3 実習マネジメントの対象

ソーシャルワーク実習は、「実習指導システム」と「ソーシャルワーク実践システム」が相互作用するプロセスである。

実習指導システムは、ソーシャルワーク実践の現場に実習生を受け入れる「実習施設・機関システム」、学生を実習施設・機関に配属し、送り出す「養成校システム」、実際に実習を行う実習生が所属する「実習生システム」で構成される。限られた実習期間で効率的かつ効果的な実習指導を行うためには、3

図表2-3 実習指導システムを構成する3つのシステムの役割と責任

	役割	責任
①実習施設・機関	・実習生の受け入れ準備（実習委員会の設置・開催、年次計画・予算案の作成） ・実習に関係する部署・関係機関との連絡・調整 ・実習マニュアルの作成・周知（リスクマネジメントを含む） ・実習プログラミング（基本実習プログラム、個別実習プログラムの作成） ・オリエンテーションの準備・実施、個別実習プログラムの修正 ・実習生の受け入れ・実習指導 ・実習評価　　　　　　　　　　　　　　　　　　　　　　　　　　　　など	クライエントの利益や、実習施設・機関の運営に一義的な責任を担い、ソーシャルワーク専門職として人材育成をする
②養成校	・実習に関係する他養成課程・職員との連絡・調整 ・実習依頼、実習生の実習施設・機関の配属 ・実習の手引き（実習生用、実習施設・機関用）の作成 ・事前学習の指導 ・実習期間中の巡回指導、帰校日指導 ・事後学習の指導、実習報告書の作成指導、実習報告会の開催 ・実習評価　　　　　　　　　　　　　　　　　　　　　　　　　　　　など	実習前・実習中・実習後の一貫した実習教育を行う
③実習生	・事前学習（基本実習プログラム）、個人調書・誓約書・実習計画書の作成 ・実習に向けた心構え・健康管理 ・オリエンテーションの連絡・実施、実習計画書の修正 ・実習指導を受ける（基本実習プログラム、個別実習プログラム、実習記録） ・事後学習（実習報告書の作成、実習報告会の準備・発表） ・自己評価　　　　　　　　　　　　　　　　　　　　　　　　　　　　など	ソーシャルワーク専門職を目指す者としての自覚をもって、積極的な姿勢で実習に臨む

つのシステムがそれぞれの役割と責任を明確にし，互いに理解し合うことが必要となる。実習指導システムを構成する3つのシステムの役割と責任を図表2－3に示す。

ソーシャルワーク実践システムには，「実習施設・機関システム」「実習生システム」の他に，実習施設・機関においてソーシャルワーク実践の対象となる「クライエントシステム」が含まれる。クライエントシステムが実習施設・機関システムおよび実習生システムと相互作用することで，クライエントとの関わりを通じた体験型のソーシャルワーク実習がソーシャルワーク実践の現場で展開される。実習指導システムおよびソーシャルワーク実践システムの概要を図表2－4に示す。

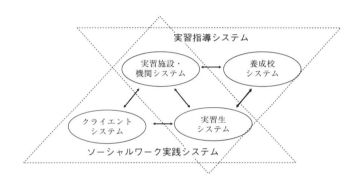

図表2－4　実習指導システムとソーシャルワーク実践システムの概要

(1) 実習施設・機関の役割と責任

実習施設・機関は，ソーシャルワーク実践の対象となるクライエントの利益や，実習施設・機関の運営に一義的な責任を担う。限られた人員や多忙なソーシャルワーク実践の現場では，実習生を受け入れることは容易ではないが，社会福祉士である実習指導者には，実習生の受け入れを積極的に行い，実習教育に携わっていただきたい。社会福祉士の倫理綱領「Ⅳ　専門職としての倫理責任」では「6.（教育・訓練・管理における責務）社会福祉士は，教育・訓練・管理を行う場合，それらを受ける人の人権を尊重し，専門性の向上に寄与する」ことが示されている。

実習教育は，ソーシャルワーク専門職となる後継者の育成や人材確保の観点からも意義があり，実習施設・機関のソーシャルワーク実践の対象となるこの先に出会うクライエントに対して，ソーシャルワーク実践を保障する機会ともいえる。さらには，実習指導者は，実習マネジメントによる実習指導体制の構築やリスクマネジメントなどを通じて，自身がソーシャルワーク専門職として成長する機会にもなり得る。

また，ソーシャルワーク実習は実習指導者が「個人」として実習生を受け入

れ，実習指導を行うものではない。ソーシャルワーク実習は実習施設・機関と養成校との実習契約により成立し，実習教育には，実習施設・機関の管理者の承認をはじめ，実習生を実際に受け入れるソーシャルワーク部門，関連する他部門や他機関の理解が欠かせない。そのため，実習施設・機関が「組織」として実習指導体制を構築することが重要であり，実習指導は実習施設・機関にとっての二次的な業務ではなく，組織が実習指導を社会福祉士の行う重要な役割と認識し，業務の一部として位置づける必要がある。

　実習施設・機関システムは，実習施設・機関において実習生を直接的に受け入れる「ソーシャルワーク部門」をはじめ，施設長や病院長といった実習施設・機関の「管理者」，看護学生やリハビリテーション専門職養成校の学生といったソーシャルワーク実習以外の実習生を受け入れる「他部門」，実習施設・機関において部門横断的に管理・契約・会計等の事務に携わる「事務部門」，そして実習に関する様々なことが検討される「実習委員会」などで構成される。実習生の受け入れでは，実習施設・機関の管理者の承認をはじめ，ソーシャルワーク部門と他部門との横の連携が重要となる。

　実習施設・機関が組織として実習生を受け入れるには，実習委員会の設置が有効である。実習委員会は，社会福祉士，ソーシャルワーク実習以外の実習生を受け入れる他職種，養成校との契約事務や実習委託費等の事務を行う事務職員などで構成される。実習生の受け入れ準備に際しては，実習施設・機関または実習委員会において「規定・マニュアル」を作成することが望ましい。規定・マニュアルには，実習施設・機関のソーシャルワーク実践の対象となるクライエントや，実習施設・機関に不利益が生じないための対策，実習生の実習体験を通じた学びを保障する内容が明文化される。具体的には，養成校へ事前に提示する内容（受け入れ可能な実習期間，受け入れ可能な実習生の人数，実習形態（通勤型，宿泊型，集中型，分散型），実習に要する費用，実習委託費，抗体価検査・ワクチン接種の有無など），オリエンテーション実施の方法と時期，実習期間中の実習生の服装，実習関係書類の取り扱い，実習スーパービジョンの内容と実施体制，リスクマネジメント（感染対策，個人情報の管理，ハラスメントの防止・対応，災害発生時の対応など）に関する事項などが含まれる。規定・マニュアルの作成後には，実習施設・機関及び実習委員会で承認され，実習生を直接的に受け入れるソーシャルワーク部門で共有される。実習委員会の構造は実習施設・機関の機能や規模によって異なる。ソーシャルワーク実習だけではなく，様々な職種の実習生の受け入れについても検討されることがあるため，実習施設・機関が組織単位で統一した規定・マニュアルを整備していることもある。

　また，「ソーシャルワーク部門」には，実習指導を主に行う「実習指導者」，実習指導者をサポートし，実習生への指導も行う実習課題担当者にもなり得る

実習指導者の「上司」「部下」「同僚」などが所属する。また，実習施設・機関によってはソーシャルワーク部門に社会福祉士以外の看護師や介護福祉士等といった「他職種」がいることも少なくない。

実習指導者は，実習生の受け入れにあたって多岐にわたる役割を担う。具体的には，実習前には，実習契約に必要な連絡調整，実習プログラムの実施に関連する実習施設・機関や実習課題担当者との連絡調整，基本実習プログラムの作成と実習生が立案した実習計画書とのすり合わせ，個別実習プログラムの作成などがある。実習指導の具体的内容やその順序を作成する実習プログラミングについては第3章で解説する。さらには，実習プログラムにおいて他機関や地域関係機関での実習体験を予定する場合には，それらの機関との連絡・調整も必要となる。また，実習指導者の勤務調整（夏季休暇の取得期間の確認など）や業務量の調整，実習生が使用する備品（机・椅子・パソコンなど）の準備，休憩場所の確保等も必要となる。

実習期間中には，実習指導者は実習生に対して定期的な実習スーパービジョンを行う。実習生は実習指導者と実習担当教員からの二重の実習スーパービジョンを受けるため，実習指導者と実習担当教員との連携・協働が必要となる（図表2－5）。また，実習に関するクライエントへの説明と同意，実習記録の確認とコメントの記載，実習プログラムの進行を管理する。実習指導は，実習指導者だけではなく，実習課題担当者により指導が行われることもあるため，あらかじめ実習指導者と実習課題担当者との役割分担が必要となる。

実習終了後には，実習の振り返りや評価等を行う。次の実習生の受け入れに向けた実習プログラムの改善や準備を行う。ソーシャルワーク部門として継続的に実習生を受け入れる場合には，厚生労働省に指定された実習施設・機関において，実習指導者の要件（社会福祉士実習指導者講習会の修了等）を満たした実習指導者の育成が必要となる。それには実習教育に携わるスタッフの人材育成や社会福祉士実習指導者講習会を計画的に受講することが含まれる。

実習施設・機関システムの構造を図表2－6に示す。

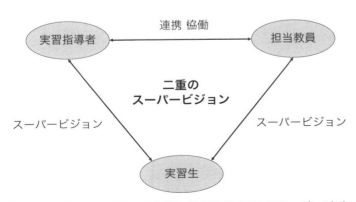

図表2－5　ソーシャルワーク実習における二重の実習スーパービジョン

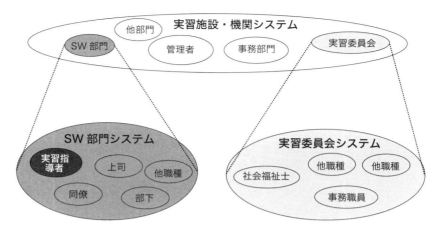

図表2-6 実習施設・機関システムの構造（例）

（2）養成校の役割と責任

　養成校は，実習教育に一義的な責任を担っている。養成校システムは，養成校の理事長や学長といった「管理者」，福祉系以外の「他学部」「他学科」，精神保健福祉士養成課程や介護福祉士養成課程といった「他養成課程」，そして社会福祉士養成に向けたソーシャルワーク実習指導を行う「社会福祉士養成課程」などで構成されている。

　社会福祉士養成課程では，ソーシャルワーク実習に向けて，1クラスあたり学生数20名以下の「実習クラス」が編成され，学生数に応じて複数の実習クラスが設置される。また，社会福祉士養成課程には，実習関連書類の窓口や学生からの身近な相談窓口にもなる「実習指導室」，実習予算や実習事務を取り扱う「事務部門」の存在も欠かせない。特に，新たな実習施設・機関の場合には，実習施設・機関における登録手続きとして，実習指導者の確認，養成校と実習施設・機関との間での実習契約が重要であり，養成校における実習事務体制の強化が求められる。

　実習クラスは，実習前・実習期間中・実習後の一貫した実習指導を担う「実習担当教員」，同じ実習クラスに所属する複数の「学生」で構成される。実習指導教員は，学生の実習施設・機関の配属，実習開始に向けた事前指導，実習期間中の巡回指導や帰校日指導，実習後の事後指導，そして実習施設・機関および実習指導者との連絡調整の役割を担う。

　複数の実習クラスが配置される場合には，社会福祉士養成課程内の会議等での情報共有や実習担当教員間の連携・協働が必要となる。本学では，社会福祉士養成課程の実習担当教員と実習指導室による「相談援助連絡会」を定期的に開催し，実習指導における報告・相談・連絡体制が構築されている。実習クラスでは，学生の特性や配属される実習施設・機関に応じた実習指導が行われる。

　養成校システムの構造を図表2-7に示し，ソーシャルワーク実習指導にお

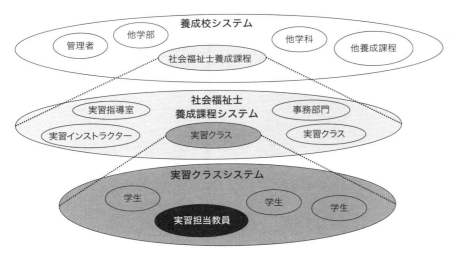

図表2-7 養成校システムの構造（例）

図表2-8 ソーシャルワーク実習指導の教育内容

ねらい	教育に含むべき事項
① ソーシャルワーク実習の意義について理解する。 ② 社会福祉士として求められる役割を理解し、価値と倫理に基づく専門職としての姿勢を養う。 ③ ソーシャルワークに係る知識と技術について具体的かつ実践的に理解し、ソーシャルワーク機能を発揮するための基礎的な能力を習得する。 ④ 実習を振り返り、実習で得た具体的な体験や援助活動を、専門的援助技術として概念化し理論化し体系立てていくことができる総合的な能力を涵養する。	次に掲げる事項について個別指導及び集団指導を行うものとする。 ① 実習及び実習指導の意義（スーパービジョン含む。） ② 多様な施設や事業所における現場体験学習や見学実習 ③ 実際に実習を行う実習分野（利用者理解含む。）と施設・機関、地域社会等に関する基本的な理解 ④ 実習先で関わる他の職種の専門性や業務に関する基本的な理解 ⑤ 実習先で必要とされるソーシャルワークの価値規範と倫理・知識及び技術に関する理解 ⑥ 実習における個人のプライバシーの保護と守秘義務等の理解 ⑦ 実習記録への記録内容及び記録方法に関する理解 ⑧ 実習生、実習担当教員、実習先の実習指導者との三者協議を踏まえた実習計画の作成及び実習後の評価 ⑨ 巡回指導 ⑩ 実習体験や実習記録を踏まえた課題の整理と実習総括レポートの作成 ⑪ 実習の評価及び全体総括会

出所）「大学等において開講する社会福祉に関する科目の確認に係る指針について（文部科学省高等教育局長、厚生労働省社会・援護局長）」

ける教育内容の「ねらい」と「教育に含むべき事項」を図表2-8に示す。

　また、実習指導において、実習担当教員や実習指導室は協働して「ソーシャルワーク実習の手引き」を作成する。このソーシャルワーク実習の手引きは「学生用」と「実習施設・機関用」の2種類を作成し、実習開始前に学生及び実習施設・機関に周知する。ソーシャルワーク実習の手引きには、実習前・実習期間中・実習後のそれぞれに必要な事項が明文化されており、実習期間中の緊急連絡方法や連絡先なども明記されている。参考に、本学で使用しているソーシャルワーク実習の手引き（学生用）の目次を図表2-9に示す。

　実習前の事前指導では、これまでの講義・演習で学んだソーシャルワークの価値・知識・技術の確認を行いながら、実習指導を行っていく。本学では、各専門領域（高齢者福祉、地域福祉、女性支援、医療）の実習施設・機関の実習指導者が実習インストラクターとして来校し、学生に実習指導を行う「実習インス

ソーシャルワーク実習の手引き（学生用）

1．はじめに 2．実習の目的 　（1）利用者理解 　（2）実習施設・機関のある地域の理解 　（3）施設や地域における援助方法の理解 3．授業の流れ 4．実習の形態 5．実習の心得 　（1）実習前の準備（※1） 　（2）実習中の留意事項（※2） 　（3）実習に伴う健康診断・検査及び加入保険 　（4）実習記録について 6．事後学習・実習報告書 7．実習担当教職員の連絡先	（※1）実習前の準備 ① 事前学習において学ぶこと 事前学習，個人調書，実習計画書，ソーシャルワーク実習のねらいと教育に含むべき事項 ② 実習先への事前訪問（オリエンテーション） オリエンテーションの目的，予約方法，注意点 （※2）実習中の留意事項 ① 実習時間や日程についての注意 ② やむを得ず実習を欠席する場合の手続き ③ 服装等についての注意 ④ 実習中の態度 ⑤ 巡回指導，帰校日指導について ⑥ 宿泊を伴う実習について

図表2－9　ソーシャルワーク実習の手引きの目次（例）

出所）文京学院大学人間学部人間福祉学科（社会福祉士養成課程ソーシャルワーク実習の手引き）

　トラクター制度」を設けている。実習前には，学生が実習施設・機関やソーシャルワーク実習の意義についての理解を深めるために，実習インストラクターから各専門領域の実習施設・機関の概要や実習に向けた心構え等に関する講義がある。実習後には，実習インストラクターの実践事例をもとにした事例検討を行っている。実習インストラクターの実践経験から得られる学びは，学生にとってソーシャルワーク実習で習得した実践力を深める貴重な機会となっている。

　本学では，学生は実習施設・機関から事前に提示された受け入れ条件等が記載された「回答書」と，あらかじめ実習施設・機関によって作成された「基本実習プログラム」をもとに，ソーシャルワーク実習に向けた事前学習を行っている。学生は，学生の氏名，住所，連絡先，ボランティア経験，実習担当教員名などを記載する「個人調書」，個人情報の保護に関する「誓約書（養成校提出用と実習施設・機関提出用の二部）」，学生が目指す社会福祉士像，目標設定の動機・問題意識，実習目標，基本実習プログラムを踏まえた達成課題を記載する「実習計画書」の作成を行い，実習担当教員はそれをサポートする。学生は，実習開始前の事前訪問（オリエンテーション）等において実習計画書を実習施設・機関に提出し，実習指導者との協議の上，必要に応じて修正する。

　実習期間中には，実習担当教員は少なくとも週1回以上の定期的な「巡回指導」を行う。ただし，週1回以上の定期的な巡回指導が難しい場合には，「実習期間中に少なくとも1回以上の巡回指導を行う場合に限り，実習施設との十分な連携の下，定期的巡回指導に代えて，学生が大学等において学習する日を設定し，指導を行うことも差し支えない」とされている（「大学等において開講する社会福祉に関する科目の確認に係る指針について（文部科学省高等教育局長，厚

生労働省社会・援護局長）」）。

　定期的巡回指導に代わる帰校日指導では，同時期にソーシャルワーク実習を行っている学生が養成校に集まり，集団指導が行われるため，各々の実習体験を共有することができる。本学では，180時間実習の場合，原則，通勤型では1回の巡回指導及び3回の帰校日指導を行い，宿泊型では2回の巡回指導及び2回の帰校日指導を行っている。

　実習後には，実習体験や実習記録，そして実習施設・機関による実習評価をもとに，学生による課題整理，実習報告会での発表，実習報告書の作成が行われる。

(3) 実習生の役割と責任

　実習生は，ソーシャルワーク実習の意義を理解し，ソーシャルワーク専門職を目指す者としての自覚をもって，積極的な姿勢で実習に臨む責任を担っている。実習生の実習中の身分は学生であると同時に，実習施設・機関の一員でもある。そのため，一人の実務に携わる者として実習施設・機関で決められたルールを守り，慎重かつ積極的に実習に取り組むことが求められる。また，実習開始に向けた事前学習，実習施設・機関により指定された服装や身だしなみを整えること，実習前・実習期間中には自身の健康管理に努めることが求められる。

　実習生システムには，学生の親やきょうだいなどで構成される「家族システム」，就労するアルバイト先での先輩や後輩などで構成される「アルバイトシステム」，そして実習担当教員や他学生で構成される「養成校システム」がある。実習生は所属するシステムに応じて，様々な役割（家族員，就労者，学生など）を担っている。実習生が自身の置かれている立場や役割を理解するとともに，実習担当教員も学生が所属している多様なシステムにも目を向け，実習指導を行う必要がある。

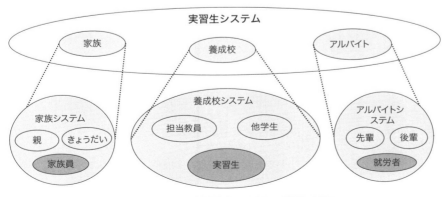

図表2－10　実習生システムの構造（例）

> **合理的配慮**
> 障がいのある人が日常生活や社会生活を送るために，個々の障がい特性に応じて，適切な変更や調整を行うことである。実習においては，障がいをもつ学生が他学生と同じ教育機会を得られるように，実習内容をはじめ，物理的な環境（バリアフリーな設備，職場のレイアウト）や1日あたりの実習時間の変更や調整を講じる。

障がいのある学生については，障がい特性にあわせた合理的配慮が必要となる。実習担当教員は，障がいがあることで実習への参加を妨げることがないように，あらかじめ学生と相談をし，学生の同意を得た上で実習施設・機関と話し合う必要がある。また，学生がアルバイトをしないと経済的に生活そのものが成り立たない状況である場合には，実習施設・機関及び実習担当教員による相談・協議のうえで，実習に支障のない範囲で配慮することも必要となる。実習生システムの構造について図表2-10に示す。

(4) 実習施設・機関間のマネジメント

社会福祉士の新カリキュラムにおけるソーシャルワーク実習では，実習時間数がこれまでの180時間から240時間に拡充され，機能の異なる2カ所以上（そのうちの1カ所は180時間以上の実習を基本とする）の実習施設・機関で実習を行う。ただし，精神保健福祉士養成課程における「ソーシャルワーク実習」，介護福祉士養成課程における「介護実習」を履修している者については，実習のうち60時間を上限に免除可能となる。

本学では，原則，3年次に180時間の実習を行い，60時間の実習を4年次に実施している。機能の異なる実習施設・機関とは，例えば「病院と障害者支援施設」「社会福祉協議会と特別養護老人ホーム」「児童養護施設と児童相談所」等をいい，同法人が運営する施設や事業所であってもよい。機能の異なる2カ所以上の実習の組み合わせ時間数の例を図表2-11に示す。

学生は2カ所以上の実習施設・機関での実習を通じて，第3章で後述するソーシャルワーク実習における「教育に含むべき事項」を網羅的に習得する。そのためには，切れ目のないシームレスな実習指導体制の構築が重要であり，養成校の実習担当教員が主体となって，複数の実習施設・機関の実習指導者が

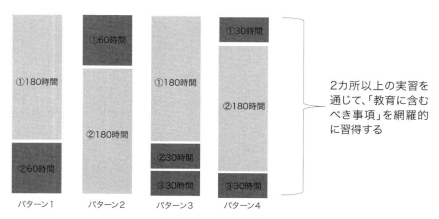

機能の異なる2カ所以上の実習先で，合計240時間以上の実習を行う
（1カ所は180時間以上の実習とする）

図表2-11　機能の異なる2カ所以上の実習の組み合わせ時間数の例

連携できるように，それぞれの実習プログラムの内容を共有する必要がある。ただし，1カ所目の実習施設・機関における実習生の評価等に関する情報は，2カ所目以降の実習施設・機関での実習内容や評価に影響を与える可能性があるため，実習担当教員は，共有する情報の内容や範囲について，事前に実習生に同意を得た上で，実習生同席のもとで共有することが望ましい。実習担当教員は，複数の実習施設・機関の実習指導者が同席する合同会議の場を設定し，情報伝達技術（ICT：Information and Communication Technology）を活用した開催も有効である。実習担当教員及び実習施設・機関の実習指導者との連携例について，図表2－12に示す。

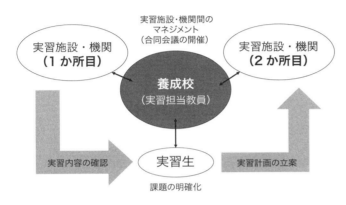

図表2－12　実習担当教員および実習施設・機関の実習指導者との連携例

(5) 実習におけるリスクマネジメント

ソーシャルワーク実習においては，様々なリスクが生じることが予測され，そのリスクを予防・管理・軽減することが重要となる。ここでは，実習におけるリスクマネジメントとして，①感染対策，②個人情報の保護，③ハラスメントの防止・対策，④災害発生時の対応，そして⑤実習生の安全確保のポイントについて解説する。

① 感染対策

わが国では，2023年5月に新型コロナウィルス感染症の感染症法上の位置づけが2類相当から5類に変更された。現在では，政府が国民に感染対策を一律に求めるのではなく，感染対策は個人等の判断で実施されるようになっている。これにより新型コロナウィルス感染症の感染対策が大幅に緩和されているが，ソーシャルワーク実習では，クライエントや実習施設・機関の職員，そして実習生自身の健康を守るために感染対策は不可欠となる。感染対策における様々な取り組みにより，感染のリスクを最小限に抑え，安心・安全な実習環境を構築する必要がある。

特に，実習施設・機関は，医療や介護を要するクライエントの健康を守ることに一義的な責任を担っている。クライエントに不利益が生じないように，感染予防及び感染拡大防止が重要となる。実習生は，実習前及び実習中の健康管理をはじめ，日々の手洗いやうがい，実習施設・機関によってはマスクの着用などの感染予防対策が講じられる。

また，実習生は，実習中に体調に異変を感じたときには，実習施設・機関には出勤せずに，実習指導者及び実習担当教員等へ報告の上，実習指導者及び実習担当教員の指示を受け，行動する。感染対策は，実習施設・機関によって異なるため，実習生は実習施設・機関で定められた感染対策を理解し，それを遵守する必要がある。実習施設・機関によっては，感染対策のために抗体価検査やワクチン接種などを求められることもある。ただし，抗体価検査やワクチン接種については，実習生の事情を考慮した対応が必要となる。

養成校では，養成校としての感染対策に向けた方針をたて，学生と共有することが望ましい。感染対策の方針は，実習施設・機関および地域社会の感染状況を把握した上で，制限の緩和等の見直しを行う。アルバイトに関しては，経済的に生活そのものが成り立たない学生の場合，事前に養成校と実習施設・機関において協議する必要がある。実習前に計画的なアルバイトを行い，実習期間中には，学生が実習に専念できるように指導することも必要である。

② 個人情報の保護

学生は実習で知り得たクライエントの個人情報や，実習施設・機関及び関連施設の重要事項に関して秘密を厳守する必要がある。学生は，実習前に個人情報の保護に関する「誓約書」を作成し，実習施設・機関と養成校に提出する。個人情報の保護において，クライエントの個人情報を取り扱う際にクライエントへの説明と同意を得る必要がある。また，実習指導者は，あらかじめクライエントの個人情報へのアクセス方法，情報の転載内容，情報を取り扱う場所を設定する。これらについて，実習指導者は，あらかじめ事前訪問（オリエンテーション）等で学生に説明する。

特に実習記録（メモ等を含む）の取り扱いでは，クライエントの情報について，プライバシーの尊重と秘密の保持を行い，実習指導者や実習課題担当者の実践内容や実習生へのコメントにも最大限の注意を払う。また，実習クラスにおける帰校日指導や実習後の振り返りにおいても，実習で得た情報を他学生と共有する際には注意する必要がある。

実習記録の記載にあたっては，クライエントの個人情報に配慮した記載方法が重要となる。特に個人が特定される情報には注意を払う。例えば，クライエント個人の実名は伏せ，必ずアルファベットや記号表記とする（その場合，実名と対応するようなイニシャル表記は行わないことが望ましい）。さらにはクライ

プライバシーの尊重と秘密の保持

社会福祉士の倫理綱領「Ⅰ クライエントに対する倫理責任」において「8.（プライバシーの尊重と秘密の保持）社会福祉士は，クライエントのプライバシーを尊重し秘密を保持する。」ことが明記されている。

エントの権利侵害にならないように，クライエントが目にした際に不快に思われる表現がないかといった視点でも記載した内容を確認する。

　実習記録の管理についても徹底する必要がある。学生は，実習施設・機関への移動中の公共交通機関や，実習記録をコピーする際のコピー機への置き忘れなどに注意する。実習施設・機関への移動中の公共交通機関での記録や，実習内容を SNS 等に投稿することはしてはならない。

③ハラスメントの防止・対策

　ハラスメントには，「セクシャル・ハラスメント（セクハラ）」「パワー・ハラスメント（パワハラ）」「アカデミック・ハラスメント（アカハラ）」などがある。ハラスメントの防止と対策においては，養成校と実習施設・機関が連携・協働し，実習生の尊厳や実習教育を受ける権利を護らなければならない。そのためには，日頃からの健全なコミュニケーションと適切な行動を促進することが重要となる。実習指導者は，実習生にとってソーシャルワーク専門職としてのモデルになるように，倫理観をもって実習指導を行わなければならない。

　また，学生は実習生という立場において，ハラスメントの被害にあった場合に，誰にも相談できない，それをハラスメントだと理解できないということも少なくない。養成校は，学生がハラスメントに関する理解を得られるように促し（ハラスメントの具体例などを提示する等），学生が実習担当教員にすぐに相談できる相談体制を整えることが必要である。

④災害発生時の対応

　災害には，地震，台風，大雨などの自然現象により生じるものや，火災や交通事故といった人為的な原因によって生じるものがある。災害発生時には，実習生は実習指導者の指示に従い，自身の安全確保が最優先となる。実習施設・機関は，実習期間中に災害が発生するリスクとその対策について，あらかじめ規定やマニュアル等を整備し，災害発生時には，その内容に則って対応する。

　具体的には，安否確認の方法，避難経路や避難場所の設定，避難誘導が必要になる。また，養成校では実習施設・機関と連携し，学生の安否確認を行う。養成校が作成するソーシャルワーク実習の手引きにも，養成校及び学生がとるべき災害発生時の連絡体制や行動について明記しておくとよい。

⑤実習生の安全確保

　実習期間中には，実習生の生活における様々なリスクについても，あらかじめ予測・共有し，リスクの回避や軽減を図る必要がある。例えば，自宅から実習施設・機関への交通手段においては，なるべく公共交通機関を利用し，実習施設・機関への移動中の事故等が発生した際の連絡体制をあらかじめ確認して

おく。また，実習先の配属においては，実習施設・機関への移動にかかる所要時間への配慮も必要である。健康管理についても注意する必要がある。学生は，必要な水分や栄養をしっかりとることをはじめ，日頃から健康管理に努め，万全な体調の上で実習に臨む。実習施設・機関により食事が提供される場合には，学生の食物アレルギー等の有無を実習施設・機関では把握しておく必要がある。また，睡眠時間や休日の確保も重要である。学生は，実習記録の作成等によって睡眠時間が短くならないように努め，実習指導者や実習担当教員は，実習内容だけではなく，睡眠時間や食事量などにも配慮する必要がある。実習中には，慣れない環境による緊張感や，実習そのものへの疲れも蓄積していく。そのため，実習中には十分な休息時間や休息場所の確保が重要となる。

特に，宿泊を伴う実習の場合，学生自身はもちろん，実習指導者や実習担当教員は，実習中の学生の健康管理に注意を払う必要がある。実習時間外（夜間，休日）には事故等に巻き込まれないように，夜間の外出等は控える。また，慣れない環境での食事の準備や洗濯などを要する場合には，実習指導者や実習担当教員が連携し，学生自身の生活能力をアセスメントする必要もある。

（6）実習中の保険加入

実習施設・機関への移動や実習中に突発的な事故に遭遇することがある。学生は，このようなケースを想定して自己管理に努めることが重要であるが，万が一，実習施設・機関への移動や実習中に事故が発生した場合には，養成校で加入している保険で対応する。保険種類や保障内容・範囲が異なるため，あらかじめ内容をよく理解しておく必要がある。

事故が発生した場合に応じて，行動や保険の手続きは異なる。実習施設・機関への移動中の事故の場合，学生は緊急対応が必要な場合には緊急対応を行い，その後は学生個人で判断せずに，実習施設・機関の実習指導者に報告し，その指示に従う。また，養成校の実習担当教員や実習指導室に報告し，指示にも従う。実習施設・機関内での事故の場合，学生個人で判断せずに，直ちに実習施設・機関の実習指導者に報告し，その指示に従う。また，養成校の実習担当教員や実習指導室にも報告をし，指示に従う。

参考文献

公益社団法人日本社会福祉士会編（2022）『新版 社会福祉士実習指導者テキスト』中央法規

一般社団法人日本ソーシャルワーク教育学校連盟編（2021）『最新社会福祉士養成講座8 ソーシャルワーク実習指導 ソーシャルワーク実習〔社会専門〕』中央法規

日本社会福祉士会（2020）「社会福祉士の倫理綱領」

（https://jacsw.or.jp/citizens/rinrikoryo/documents/rinrikoryo_kodokihan21.3.20.pdf　アクセス日 2024.7.30）

文部科学省高等教育局長，厚生労働省社会・援護局長（2020）「大学等において開講

する社会福祉に関する科目の確認に係る指針について」
（https://www.mhlw.go.jp/content/000604914.pdf　アクセス日 2024.7.30）
一般社団法人日本ソーシャルワーク教育学校連盟（2021）「ソーシャルワーク実習
　　指導・実習のための教育ガイドライン（2021 年 8 月改訂版）」
（http://jaswe.jp/doc/202108_jisshu_guideline.pdf　アクセス日 2024.7.30）

第 3 章

実習プログラミング

第3章　実習プログラミング

1　社会福祉士養成課程カリキュラム見直しに伴うソーシャルワーク実習のあり方と実習プログラミングの必要性

　第2章で述べたように，ソーシャルワーク実習は，「実習マネジメント」「実習プログラミング」「実習スーパービジョン」のそれぞれの取り組みが重なり合い，実習の効果をあげていく。

　第3章実習プログラミングでは，ソーシャルワーク実習における実習プログラムの考え方・必要性と文京学院大学（以下，本学と記す）の社会福祉士養成課程において実施する，実習生，実習指導者，実習指導教員が連携・協働して進める基本実習プログラミングシートを用いたソーシャルワーク実習について紹介する。

　2018年3月に社会保障人材確保専門委員会から提出された，「ソーシャルワーク専門職である社会福祉士に求められる役割等について」によると，地域共生社会の実現に向けて，社会福祉士がソーシャルワーク機能を発揮し，制度横断的な課題への対応や必要な資源の開発といった役割を担うことが求められている。そして，これらの実践力を身につけた社会福祉士を養成するために，養成カリキュラムの内容や実習・実習指導演習の見直しが行われた。また，今回の見直しを踏まえ，「社会福祉士養成施設及び介護福祉士養成施設の設置及び運営に係る指針について」（最終改訂：令和2年3月6日社援発0306第21号）及び「社会福祉士学校及び介護福祉士学校の設置及び運営に係る指針について」（最終改訂：令和2年3月6日元文科高第1122号・社援発0306第22号）の通知において，ソーシャルワーク実習における教育内容の「ねらい（図表3－1）」「教育に含むべき事項（図表3－2）」が示された。

社会福祉士としての価値と倫理

　社会福祉士の価値については，社会福祉士の倫理綱領の中で述べられている通り，「社会福祉士は，すべての人が人間としての尊厳を有し，価値ある存在であり平等であることを深く認識する。」と記されている。
　また，倫理についても，倫理基準として示されている。社会福祉士を目指す実習生もこれに基づき，実習等に取り組む必要がある。

人の内的資源やフォーマル・インフォーマルな社会資源

　内的資源は個人のスキルや経験，フォーマルな社会資源は制度に基づく支援，インフォーマルな社会資源は家族や友人による支援を指し，これらを総合的に活用することが重要である。

（1）ソーシャルワーク実習の「ねらい」

　図表3-1は相談援助実習（以下，旧カリキュラムと記す）における教育内容の「ねらい」とソーシャルワーク実習における教育内容の「ねらい」を整理した

図表3－1　旧カリキュラム相談援助実習及び新カリキュラムソーシャルワーク実習の「ねらい」の比較

旧カリキュラム	新カリキュラム
1. 相談援助実習を通して，相談援助に係る知識と技術について具体的かつ実際的に理解し実践的な技術等を体得する。	1. ソーシャルワークの実践に必要な各科目の知識と技術を統合し，社会福祉士としての価値と倫理に基づく支援を行うための実践能力を養う。
2. 社会福祉士として求められる資質，技能，倫理，自己に求められる課題把握等，総合的に対応できる能力を習得する。	2. 支援を必要とする人や地域の状況を理解し，その生活上の課題（ニーズ）について把握する。
3. 関連分野の専門職との連携のあり方及びその具体的内容を実践的に理解する。	3. 生活上の課題（ニーズ）に対応するため，支援を必要とする人の内的資源やフォーマル・インフォーマルな社会資源を活用した支援計画の作成，実施及びその評価を行う。
	4. 施設・機関等が地域社会の中で果たす役割を実践的に理解する。
	5. 総合的かつ包括的な支援における多職種・多機関，地域住民等との連携のあり方及びその具体的内容を実践的に理解する。

出所）厚生労働省社会・援護局長「社会福祉士養成施設及び介護福祉士養成施設の設置及び運営に係る指針について」の一部修正についての通知をもとに筆者作成

チームアプローチ

　社会生活上において複雑・多様な生活課題を抱えている人は増加している。そのため，多職種が連携し，情報共有しながら多角的な視点でその人を支援することにより，包括的な支援を展開することが可能となる。この方法をチームアプローチという。

ものである。旧カリキュラムでは知識・技術を身につけるという大きな「ねらい」であったが，新カリキュラムではソーシャルワーク実習における教育内容の「ねらい」1として，「ソーシャルワークの実践に必要な各科目の知識と技術を統合し，社会福祉士としての価値と倫理に基づく支援を行うための実践能力を養う。」と示されている。長らくソーシャルワークの理論と実践には乖離があると指摘されてきたが，実習生は社会福祉士の根底となる理論と実践の融合についてソーシャルワーク実習や実習の事前事後指導で学ぶ必要がある。また，ソーシャルワークの理論と実践が乖離していると感じた場合にはどのような部分で乖離しているのか，実習巡回の際や帰校日指導の際，事後指導のなかで実習担当教員等と振り返り，学びを深める必要がある。

　また，ソーシャルワーク実習における教育内容の「ねらい」2～4はソーシャルワーク実習で学ばなければならない機能が示されている。

　ソーシャルワーク実習における教育内容の「ねらい」5は，「総合的かつ包

図表3-2　旧相談援助実習及び新ソーシャルワーク実習の「教育に含むべき事項」の比較

旧カリキュラム	新カリキュラム
1. 利用者やその関係者，施設・事業者・機関・団体等の職員，地域住民やボランティア等との基本的なコミュニケーションや人との付き合い方などの円滑な人間関係の形成。	1. 利用者やその関係者（家族・親族，友人等），施設・事業者・機関・団体，住民やボランティア等との基本的なコミュニケーションや円滑な人間関係の形成
2. 利用者理解とその需要の把握及び支援計画の作成	2. 利用者やその関係者（家族・親族，友人等）との援助関係の形成
3. 利用者やその関係者（家族・親族・友人等）との援助関係の形成	3. 利用者や地域の状況を理解し，その生活上の課題（ニーズ）の把握，支援計画の作成と実施及び評価
4. 利用者やその関係者（家族・親族・友人等）への権利擁護及び支援（エンパワメントを含む。）とその評価	4. 利用者やその関係者（家族・親族，友人等）への権利擁護活動とその評価
5. 多職種連携をはじめとする支援におけるチームアプローチの実際	5. 多職種連携及びチームアプローチの実践的理解
6. 社会福祉士としての職業倫理，施設・事業者・機関・団体等の職員の就業などに関する規定への理解と組織の一員としての役割と責任への理解	6. 当該実習先が地域社会の中で果たす役割の理解及び具体的な地域社会への働きかけ
7. 施設・事業者・機関・団体等の経営やサービスの管理運営の実際	7. 地域における分野横断的・業種横断的な関係形成と社会資源の活用・調整・開発に関する理解
8. 当該実習先が地域社会の中の施設・事業者・機関・団体等であることへの理解と具体的な地域社会への働きかけとしてのアウトリーチ，ネットワーキング，社会資源の活用・調整・開発に関する理解	8. 施設・事業者・機関・団体等の経営やサービスの管理運営の実際（チームマネジメントや人材管理の理解を含む。）
	9. 社会福祉士としての職業倫理と組織の一員としての役割と責任の理解
	10. ソーシャルワーク実践に求められる以下の技術の実践的理解 ・アウトリーチ ・ネットワーキング ・コーディネーション ・ネゴシエーション ・ファシリテーション ・プレゼンテーション ・ソーシャルアクション

出所）厚生労働省社会・援護局長「社会福祉士養成施設及び介護福祉士養成施設の設置及び運営に係る指針について」の一部修正についての通知をもとに筆者作表

括的な支援における多職種・多機関，地域住民等との連携のあり方及びその具体的内容を実践的に理解する。」と示されている。社会福祉士はソーシャルワークの専門職として，地域共生社会の実現に向けて，多様化・複雑化する地域の課題に対応する必要がある。その際，生活課題を抱えた個人または地域と分けて支援対象を捉えるのではなく，個人や家族，その人たちが生活する地域にまで視野を広げ多角的な視点でアセスメントをし支援を展開することが重要である。また，総合的かつ包括的な支援を展開するためには，各施設・機関の社会福祉士や多職種と連携・協働し，人の内的資源やフォーマル・インフォーマルな社会資源を用いることが重要となる。さらには，地域住民をも巻き込むことにより，同様の生活課題を抱えている人を発見することにつながったり，見守りやサポートシステムの構築になったりする。しかし，上記のようなソーシャルワークの展開を実習期間内で見ることができないかもしれない。その場合には実習施設・機関にて過去に取り組まれた事例等を用いて実習生に説明することが有効である。

> **アウトリーチ**
> 支援を求めることができる人のみを支援の対象とするのではなく，自ら支援を求めない人や相談機関に出向くことが難しい人にも，必要なサービスや情報を提供する必要がある。そのため，ソーシャルワーカー等による訪問支援（アウトリーチ）が必要である。

> **ネットワーキング**
> 生活課題を抱えた人が日常生活を営み続けるためには，フォーマルな支援とインフォーマルな支援が必要である。ソーシャルワーカーはアセスメントを行い，個人を中心としたネットワークを構築する必要がある。

(2) ソーシャルワーク実習の「教育に含むべき事項」

ソーシャルワーク実習の「教育に含むべき事項」として10項目が示された。この見直しの背景には，今日の社会状況の変化にともなう社会福祉士に求められる機能の多様化が影響している。

図表3-2はソーシャルワーク実習の「教育に含むべき事項」を旧カリキュラムと新カリキュラムで整理したものである。旧カリキュラムは8項目であったが，新カリキュラムは10項目となっている。

変更・追記になった項目は以下の通りである。まずは，ソーシャルワーク実習の教育に含むべき事項3である。旧カリキュラムのソーシャルワーク実習の教育に含むべき事項2では，「利用者の理解とその需要の把握及び支援計画の作成」であった。新カリキュラムのソーシャルワーク実習の教育に含むべき事項3では，「利用者や地域の状況を理解し，その生活上の課題（ニーズ）の把握，支援計画の作成と実施及び評価」となり，利用者個人だけをみるのではなく，利用者が生活する地域の状況も理解し，ニーズを把握することと，支援の実施及び評価の文言が追加されている。それはソーシャルワーク実習の「ねらい」の3と対応しており，ソーシャルワーク一連の展開をソーシャルワーク実習の中で経験し，学ぶことを意図している。

その他，文言が追加されたのはソーシャルワーク実習の教育に含むべき事項の8と10である。教育に含むべき事項8は「チームマネジメントや人材管理の理解を含む。」という文言が追加されている。社会状況の変化にともなう生活課題に対して社会福祉士は，様々な専門職・非専門職と連携・協働しながら支援を展開する。そのため，チームマネジメントが必要となる。さらには，社

図表3－3 ソーシャルワーク実習 基本実習プログラム プログラミングシート

実習施設名：

作成メンバー：

作成日：202 年 月 日

ソーシャルワーク実習 教育に含むべき事項（厚労通知）	達成目標（評価ガイドライン）※各達成目標の具体例は行動目標を参照	当該実習施設における実習の実施方法及び展開					指導上の留意点
		事前学習	具体的実習内容				活用する資料・参照物
			SWの理解に関する内容	SW実践の場の理解に関する内容	SW実践の理解に関する内容	SW実践の理解に関する内容（発展的）	
① 利用者やその関係者（家族・親族、友人等）、施設・事業者・機関・団体、住民やボランティア等との基本的なコミュニケーションや円滑な人間関係の形成	(1) クライエント等と人間関係を形成するための基本的なコミュニケーションをとることができる						
② 利用者やその関係者（家族・親族、友人等）との援助関係の形成	(2) クライエント等との援助関係を形成することができる						
③ 利用者や地域の状況を理解し、その生活上の課題（ニーズ）の把握、支援計画の作成と実施及び評価	(3) クライエント、グループ、地域住民等のアセスメントを実施し、ニーズを明確にすることができる						
	(4) 地域アセスメントを実施し、地域の課題や問題解決に向けた目標を設定することができる						
	(5) 各種計画の様式を使用して計画を作成・策定及び実施することができる						
	(6) 各種計画の実施をモニタリング及び評価することができる						
④ 利用者やその関係者（家族・親族、友人等）への権利擁護活動とその評価	(7) クライエント及び多様な人々の権利擁護並びにエンパワメントを含む実践を行い、評価することができる						
	(8) 実習施設・機関等の各職種の機能と役割を説明することができる						
⑤ 多機関連携及びネットワーキングの実践的理解	(9) 実習施設・機関等と関係する社会資源の機能と役割を説明することができる						
	(10) 地域住民、関係者、関係機関等と連携・協働することができる						
	(11) 各種会議を企画・運営することができる						

第3章　実習プログラミング

⑥ 当該実習先が地域社会における役割を果たす段階的な理解及び具体的な地域社会への働きかけ
- (12) 地域社会における実習施設・機関等の役割を説明することができる
- (13) 地域住民や団体、施設、機関等に働きかけることができる

⑦ 地域における分野横断的・業種横断的な社会資源の活用と新たな社会資源開発の理解
- (14) 地域における分野横断的・業種横断的な社会資源について説明し、問題解決への活用や新たな開発を検討することができる

⑧ 施設・事業者・機関・団体等の経営やサービスの管理運営の実際（チームマネジメントや人材管理の理解を含む）
- (15) 実習施設・機関等の経営理念や戦略を分析に基づいて説明することができる
- (16) 実習施設・機関等の法的根拠、財政、運営方法等を説明することができる

⑨ 社会福祉士としての職業倫理と組織の一員としての役割と責任の理解
- (17) 実習施設・機関等における社会福祉士の倫理に基づいた実践及びジレンマの解決を適切に行うことができる
- (18) 実習施設・機関等の規則等について説明することができる

⑩
- (19) 以下の技術について目的、方法、留意点について説明することができる
  - (1) アウトリーチ
  - (2) ネットワーキング
  - (3) コーディネーション
  - (4) ネゴシエーション
  - (5) ファシリテーション
  - (6) プレゼンテーション
  - (7) ソーシャルアクション

出所）公益社団法人日本社会福祉士会編（2022）『新版 社会福祉士実習指導者テキスト』中央法規

会福祉分野で働く人材の確保や育成が重要となる。実習生は事前・事後学習と
ソーシャルワーク実習を通して，実習施設・機関の法的根拠と運営方法，財源，
経営理念，経営戦略，サービスの管理運営や組織，各種委員会の役割とチーム
マネジメントの実際について学ぶことが求められている。ソーシャルワーク実
習の教育に含むべき事項 10 では，ソーシャルワーク実践に求められている技
術の実践的理解を目的とし項目が追加された。実習生は「アウトリーチ・ネッ
トワーキング・コーディネーション・ネゴシエーション・ファシリテーショ
ン・プレゼンテーション・ソーシャルアクション」のそれぞれの単語の意味を
事前学習で理解したうえでソーシャルワーク実習に臨む必要がある。

2 基本実習プログラムの必要性と作成のプロセスとポイント

(1) 基本実習プログラムの必要性

　ソーシャルワーク実習では，「教育に含むべき事項」を達成する形での実習
を展開する必要がある。そのため，学生がソーシャルワーク実習の「教育に含
むべき事項」のどの項目を達成できていて，どの項目が達成できていないのか
教員は把握し，実習指導者に共有する必要がある。さらには，2 か所以上実習
に行く学生については実習施設・機関の実習指導者に 1 か所目でどこまで達成
できたのか情報共有する必要がある。

　また，本学では厚生労働省「大学等において開講する社会福祉に関する科目
の確認に係る指針について」（令和 2 年 3 月 6 日元文科高第 1122 号・社援発 0306
第 23 号）の通知に示された通り，精神保健福祉士養成課程における「ソーシャ
ルワーク実習」，介護福祉士養成課程における「介護実習」を履修している者
については，60 時間を上限として免除可能とされたことから，1 か所で実習を
終える学生がいる。その場合，180 時間以上の実習のみでソーシャルワーク実
習の「教育に含むべき事項」を達成するための方法も併せて検討した。

　検討の結果，本学ではソーシャルワーク実習の「教育に含むべき事項」を達
成できるようにするため，実習施設・機関において行われている具体的な内容
等を示す基本実習プログラムを作成することとした。なお，書式については公
益社団法人日本社会福祉士会が作成した，図表 3 - 3「ソーシャルワーク実習
基本実習プログラム　プログラミングシート」を用いた。

(2) 新カリキュラムにおける基本実習プログラムの作成のための視点と
　　枠組み

　本学で用いた，基本実習プログラミングは，ソーシャルワーク実習の「教育
に含むべき事項」と実習で学ぶべきソーシャルワーク実践の構成要素で構築さ
れている。ここではまず，これまで触れてこなかった，基本実習プログラムの

第3章　実習プログラミング

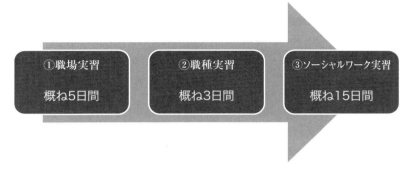

図表3－4　旧カリキュラムにおける3段階実習

横軸についてみていく。

旧カリキュラムで実施されていた相談援助実習では，「職場実習（概ね5日間）」「職種実習（概ね3日間）」「ソーシャルワーク実習（概ね15日間）」で構成され，3段階の実習プログラムに分けられ実習が展開されてきた（図表3－4）。

しかし，新カリキュラム施行にともないソーシャルワーク実習の時間が180時間以上から240時間以上に拡充され，機能の異なる2か所以上の実習施設・機関において実習を実施しなければならない。また，1か所は180時間以上を同一の実習施設・機関で実習を実施する必要が生じた。公益社団法人日本社会福祉士会（2022）は，「60時間実習という短期間では，従来の3段階での実習モデルは機能しない」と指摘し，新たに【ソーシャルワーク実践の場の理解】

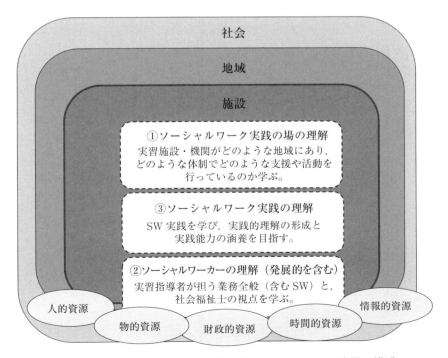

図表3－5　新カリキュラムにおけるソーシャルワーク実習の構成

【ソーシャルワーカーの理解】【ソーシャルワーク実践の理解（発展的を含む）】というソーシャルワーク実践の構成要素を提示した。

　以下に示す，【ソーシャルワーク実践の場の理解】【ソーシャルワーカーの理解】【ソーシャルワーク実践の理解（発展的を含む）】についての解説は公益社団法人日本社会福祉士会（2022）『新版 社会福祉士実習指導者テキスト』より示されたものをもとに筆者が作成した概要である（図表3－5）。実習生はそれぞれの項目の意味を事前学習の中で理解し，ソーシャルワーク実習に臨むことが望ましい。

ソーシャルワーク実践の場の理解に関する内容

　「ソーシャルワーク実践の場の理解に関する内容」では，実習施設・機関や実習指導者が業務や実践を行う"場（場所・場面・人々）"を理解することを目的とする。

　具体的には実習施設・機関が立地する地域・支援の対象者・家族が生活する環境，また，社会についても理解できるような内容を設定する。

　このうち実習施設・機関についての理解には，実習施設・機関の根拠法令の理解，実施しているサービスや事業に関する制度の理解，実習施設・機関で働く専門職や職員の理解，さらに実習施設・機関の組織構造や就労規程といった管理運営体制に関する理解などの内容を設定する。

ソーシャルワーカーの理解に関する内容

　「ソーシャルワーカーの理解に関する内容」では，実習施設・機関に勤務するソーシャルワーカーについて理解することを目的とする。

　具体的にはソーシャルワーカーが担っている業務や実践，それらを遂行する際のソーシャルワーカーの視点や実際の立ち振る舞い・技術，またそれらを通してソーシャルワーカーが果たしている役割などを理解できるような内容を設定する。

ソーシャルワーク実践の理解に関する内容

　「ソーシャルワーク実践の理解に関する内容」では，ソーシャルワーク実践について，実践的な能力の習得を目的とする。

　具体的には，ソーシャルワーカーによる様々な実践について"実際の場面"を理解・体験すること，また，"事例的"に体験することを通して技術を習得し，実践的な理解の形成に向けた内容を設定する。

ソーシャルワーク実践の理解に関する内容（発展的）

　この「ソーシャルワーク実践の理解に関する内容（発展的）」に設定する具体

的実習内容は，「ソーシャルワーク実践の理解に関する内容」と同じく，ソーシャルワーク実践に関する実践的な理解の形成と能力の習得を目的とする。

ただし，（発展的）とある通り，実践的な能力の習得を目的とした具体的実習内容を設定する。

具体的には，"模擬的"体験を行ったり，"実際の場面"での能動的な体験をしたりするなどの積極的・能動的体験を中心に構成される。これらと「ソーシャルワーク実践の理解に関する内容」との間には順序関係があり，基本的に「ソーシャルワーク実践の理解に関する内容」での具体的実習内容を体験している（またはその体験を通した目標が達成されている）ことを前提とした具体的実習内容を「ソーシャルワーク実践の理解に関する内容（発展的）」に設定することになる。

(3) 実習プログラミングの方法と基本実習プログラムの作成プロセスと重視した点

新カリキュラムについての方針が示された当初，多くの社会福祉士養成校，実習施設・機関では「なんだこれは？」との疑問があったと思う。また，基本実習プログラムは実習施設・機関が作成し，提出するものであると想像でき，大きな混乱を招いた。本学社会福祉士養成課程の教員間においても多くの戸惑いがあった。しかし，新カリキュラムの施行にともない新カリキュラムで実習指導者講習を受けた実習指導者が増えることを考え，本学では実習指導者講習の内容にも含まれている基本実習プログラムを作成することとした。

本学では，ソーシャルワーク実習における基本実習プログラムを以下のプロセスで作成した。

---

① 実習施設・機関の種別ごとの基本実習プログラムモデルの作成（本学教員が実施）。

② 実習施設・機関に新カリキュラムについて本学教員が説明するとともに，基本実習プログラムのモデルをもとに作成方法を伝える。

③ 基本実習プログラムのモデルに記載されている事項で実施していない内容を実習指導者は削除する。

④ 実習施設・機関において，実施されているが基本実習プログラムに記載されていない事項を実習指導者は赤字で記載する。

⑤ ソーシャルワーク実習の「教育に含むべき事項」ごとに求める事前学習を実習指導者は記載する。

実習施設・機関との基本実習プログラムの作成において，領域間に共通し重視した点は，ソーシャルワーク実習の「教育に含むべき事項」の10項目（図表3－2参照）における，ミクロ，メゾ，マクロ領域のソーシャルワーク実践を学ぶことである。実習施設・機関内だけでなく，地域の中でソーシャルワー

ク実践がどのように展開しているのか，包括的に学生が学ぶことができる内容
となるよう，工夫・注意喚起した。一方で，教員と各実習機関・施設との濃密
なやり取りから，領域ごとの特色や重視した点が浮かび上がってきた。以下に
領域ごとの特色や重視した点（ポイント）に関して記載した。

【医　　療】

医療機関の特徴（病床機能，医療機関のある地域，対象とする患者，医療機関独
自の取り組み，併設施設の有無など）は多岐にわたっていたが，基本実習プログ
ラムには，ソーシャルワーク実習の共通の「ねらい」と「教育に含むべき事項」
を満たした上で，それぞれの医療機関の特徴や既に取り組んできた実習内容が
反映されること，実習施設・機関や学生にとって実行性があることを重視した。

【地　　域】

社会福祉協議会といっても都内と埼玉県内では地域性や実施事業等様々な違
いがある。基本実習プログラムでは実施事業の特徴（コミュニティソーシャル
ワーク，福祉教育）等を基本実習プログラムに反映させると共に，その事業にお
ける社会福祉士の役割や多職種連携の実際を学べるようにすることを重視した。

【高　　齢】

在宅系の基本実習プログラムの作成では，地域（在宅）での支援という地域
包括支援センターの特性を踏まえ，様々な地域活動（サロン活動，ボランティア
との交流，社会資源マップ作り）があることを通してソーシャルワーク実践を学
べるようにすることを重視した。施設系の基本実習プログラムの作成では，生
活の場としての特別養護老人ホーム等での利用者の生活と看取り，さらに地域
との交流も含めて学ぶこととその際の社会福祉士の役割や多職種連携（チーム
マネジメント）について学べるようにすることを重視した。

【子ども・家庭】

基本実習プログラムの作成では，社会保障審議会児童部会 2016（平成 28）年
3 月 10 日「新たな子ども家庭福祉のあり方に関する専門委員会報告（提言）」
において示された事項に基づき実施する必要があり，子ども家庭への支援は身
近な場所で行われる必要があること，子ども家庭福祉の支援における指導的立
場の職員が有すべき知識・技能，子ども・家庭・地域を一貫して理解する必要
性等を学べるようにすることを重視した。

【障　　害】

基本実習プログラムの作成では，現場の実践が基本実習プログラムのどこに

あたるのかを確認し，実践と基本実習プログラムとの乖離がないようにすることを特に重視した。さらには，実習施設・機関の特性を活かした事業について，プログラムのどの項目に位置付けるかについて検討したのち，赤字やマーカーを使って強調し，施設の事業展開を学べるようにすることを重視した。

(4) 基本実習プログラムを用いた実習計画書の作成プロセスと重視した点

次に基本実習プログラムを用いた実習計画書の作成について解説する。本学では以下のプロセスで行った。

---

① 実習施設・機関の実習指導者と教員が作成した基本実習プログラムを配属予定の実習生に配布。配布された基本実習プログラムをもとに，基本実習プログラムの見方と実習計画書の作成方法を指導する。
② 基本実習プログラムに記載されている事項を参考に実習計画書を作成する。
③ 実習担当教員より指導を受けた後，作成した実習計画書をオリエンテーションの際に持参し，実習指導者に確認していただき，修正があった場合は修正を行う。

上記のプロセスにて，実習計画書を作成することにより，実習生・実習指導者・教員が連携し実習を展開することが可能となる。また，実習生は実習施設・機関で行われている業務や社会福祉士の役割について事前に考えることが可能となる。

(5) 基本実習プログラム作成によって得られた成果と課題

新カリキュラムでこれまで以上に実習施設・機関，養成校（実習指導室等を含む）の連携が重要となり，ソーシャルワーク実習の実施に向けた事前の準備（基本実習プログラムの作成等）の段階からの連携・協働体制の構築が重要となる。

ソーシャルワーク実習では，機能の異なる2か所以上の実習施設・機関において合計240時間以上実施しなければならないという条件とソーシャルワーク実習教育に含むべき事項10項目を達成するように実習プログラミングする必要がある。

本学では，実習施設・機関における具体的な業務内容を落とし込んだ基本実習プログラムを活用しソーシャルワーク実習を実施した。実習施設・機関の実習指導者からは，成果と課題として以下の内容がフィードバックされた。

領域共通の成果として，「基本実習プログラムを作成したことで，施設・機関の社会福祉士に求められる業務がより明らかになった」「基本実習プログラムのモデルを基にした作成作業により施設・機関が今後取り組むべき課題が明らかになった」等の声が聞かれた。

課題としては，「日頃の業務が多忙であり，基本実習プログラムを作成する

時間がない」「旧カリキュラム・新カリキュラムの実習指導者の講習を受けた者が混在し，混乱が生じている」「上司が旧カリキュラムの実習指導者研修を受けており，新カリキュラムでの実習実施に抵抗がある」等の不安や戸惑いの声があった。

図表 3 − 6　文京学院大学実習計画書

実 習 計 画 書

文京学院大学人間学部人間福祉学科　　　年		学籍番号	
氏　名		実習担当教員名	
実習施設・機関			
実　習　期　間			

1. 目指す社会福祉士像および目標設定の動機・問題意識
2. 実習目標
3. 実習施設・機関の基本実習プログラムおよび自身の実習目標を踏まえた達成課題
①利用者やその関係者（家族・親族，友人等），施設・事業者・機関・団体，住民やボランティア等との基本的なコミュニケーションや円滑な人関関係の形成
②利用者やその関係者（家族・親族，友人等）との援助関係の形成
③利用者や地域の状況を理解し，その生活上の課題（ニーズ）の把握，支援計画の作成と実施及び計画

ソーシャルワーク実習の「教育に含むべき事項」

④ 利用者やその関係者（家族・親族，友人等）への権利擁護活動とその評価
⑤ 多職種連携及びチームアプローチの実践的理解
⑥ 当該実習先が地域社会の中で果たす役割の理解及び具体的な地域社会への働きかけ
⑦ 地域における分野横断的・業種横断的な関係形成と社会資源の活用・調整・開発に関する理解
⑧ 施設・事業者・機関・団体等の経営やサービスの管理運営の実際（チームマネジメントや人材管理の理解を含む）
⑨ 社会福祉士としての職業倫理と組織の一員としての役割と責任の理解
⑩ ソーシャルワーク実践に求められる技術（アウトリーチ，ネットワーキング，コーディネーション，ネゴシエーション，ファシリテーション，プレゼンテーション，ソーシャルアクション）の実践的理解

ソーシャルワーク実習の「教育に含むべき事項」

出所）文京学院大学人間学部人間福祉学科社会福祉士養成課程実習計画書

3 社会福祉士養成課程における実習施設・機関の範囲

　ソーシャルワーク実習を行う実習施設等の範囲については，社会福祉士介護福祉士養成施設指定規則第三条第一号ヲ及び第五条第十四号イ，社会福祉士介護福祉士学校指定規則第三条第一号ヲ及び第五条第十四号イ並びに社会福祉に関する科目を定める省令第四条第六号の規定に基づき厚生労働大臣が別に定める施設及び事業（昭和62年12月25日厚生省告示第203号）に示されている。

　図表3-7は社会福祉士養成課程におけるソーシャルワーク実習実施可能施設を厚生労働省が示す資料をもとに筆者が整理したものである。新カリキュラムでは機能の異なる実習施設・機関での実習を行うことが求められている。そ

1. 児童福祉法
- 児童相談所
- 乳児院
- 母子生活支援施設
- 児童養護施設
- 福祉型障害児入所施設
- 児童心理治療施設
- 児童自立支援施設
- 児童家庭支援センター
- 指定発達支援医療機関
- 障害児通所支援事業
- 障害児通所支援事業及び障害児相談支援事業

2. 医療法
- 病院
- 診療所

3. 身体障碍者福祉法
- 身体障害者厚生相談所
- 身体障碍者福祉センター

4. 精神保健福祉法
- 精神保健福祉センター

5. 生活保護法
- 救護施設
- 更生施設
- 授産施設
- 宿泊提供施設

6. 社会福祉法
- 福祉事業所
- 市町村社会福祉協議会

7. 売春防止法 → 困難な問題を抱える女性への支援に関する法律
- 婦人相談所
- →女性相談支援センター
- 婦人保護施設
- →女性自立支援施設

8. 知的障害者福祉法
- 知的障害者更生相談所

9. 障害者雇用促進法
- 広域障害者職業センター
- 地域障害者職業センター
- 障害者就業・生活支援センター

10. 老人福祉法
- 老人デイサービスセンター
- 老人短期入所施設
- 養護老人ホーム
- 特別養護老人ホーム
- 軽費老人ホーム
- 老人福祉センター
- 老人介護支援センター
- 有料老人ホーム
- 老人デイサービス事業

11. 母子及び父子並びに寡婦福祉法
- 母子・父子福祉センター

12. 更生保護事業法
- 更生保護施設

13. 介護保険法
- 介護老人保健施設
- 介護医療院
- 地域包括支援センター
- 通所介護
- 通所リハビリテーション
- 短期入所生活介護
- 短期入所療養介護
- 特定施設入所者生活介護
- 地域密着型通所介護
- 認知症対応型通所介護
- 小規模多機能型居宅介護

- 認知症対応型共同生活介護
- 地域密着型特定施設入所者生活介護
- 地域密着型介護老人福祉施設入所者生活介護
- 複合型サービス
- 居宅介護支援事業
- 介護予防通所リハビリテーション
- 介護予防短期入所生活介護
- 介護予防短期入所療養介護
- 介護予防認知症対応型通所介護
- 介護予防小規模多機能型居宅介護
- 介護予防認知症対応型共同生活介護
- 介護予防支援事業
- 第一号通所事業
- 第一号介護予防支援事業

14. のぞみの園法
- のぞみの園が設置する施設

15. 発達障害者支援法
- 発達障害者支援センター

16. 障害者総合支援法
- 障害者支援施設
- 福祉ホーム
- 地域活動支援センター
- 療養介護
- 生活介護
- 短期入所
- 重度障害者等包括支援
- 自立訓練
- 就労移行支援
- 就労継続支援
- 就労定着支援
- 自立生活援助
- 共同生活援助
- 一般相談支援
- 特定相談支援

17. その他
- 高齢者又は身体障害者に対する食事の提供その他の福祉サービスで地域住民が行うものを提供するための施設

18. 前各号に準ずる施設又は事業
- 身体障害者福祉工場
- 知的障害者福祉工場
- 重症心身障害児（者）通園事業を行う施設
- ホームレス自立支援センター
- 地域福祉施設
- 隣保館
- 小規模住宅型児童養育事業を行う施設・
- 子ども家庭総合支援拠点
- 子育て世代包括支援センター
- 地域若者サポートステーション
- 子ども・若者総合相談センター
- 「権利擁護支援の地域連携ネットワークづくり」において設置される中核機関
- 基幹相談支援センター
- 介護予防特定施設入居者生活介護を行う施設
- 身体障害者更生援護施設
- 精神障害者社会復帰施設
- 知的障害者援護施設
- 高齢者総合相談センター
- 都道府県社会福祉協議会
- 児童デイサービス事業を行っている施設
- 少年鑑別所
- 地方更生保護委員会
- 保護観察所
- 労災特別介護施設
- 心身障害児総合通園センター
- 児童自立支援生活援助事業を行っている施設
- 保育所
- 母子家庭等就業・自立支援センター
- 一般市等就業・自立支援事業を行っている施設

- 地域子育て支援拠点事業を行っている施設
- 利用者支援事業を行っている施設
- 母子・父子自立支援プログラム策定事業を行っている施設
- 就業支援専門員配置等事業を行っている施設
- 点字図書館
- 聴覚障害者情報提供施設
- 共同生活介護を行う施設
- 知的障害児施設
- 知的障害児通園施設
- 盲ろうあ児施設
- 肢体不自由児施設
- 身体障害者自立支援を行っている施設
- 日中一時支援事業を行っている施設
- 障害者相談支援事業を行っている施設
- 障害者等療育支援事業を行っている施設
- 精神障害者地域移行支援特別対策を行っている施設
- 精神障害者地域移行・地域定着支援事業を行っている施設
- 精神障害者アウトリーチ推進事業を行って言う施設
- アウトリーチ事業を行っている施設
- アウトリーチ支援に係る事業を行っている施設
- 介護予防通所介護を行う施設
- 定期巡回・随時対応型訪問看護を行う施設
- 高齢者世話付住宅（シルバーハウジング）
- 多くの高齢者が居住する集合住宅
- サービス付き高齢者向け住宅
- 就労支援事業を行っている事業所
- ひきこもり地域支援センター
- 地域生活定着支援センター
- ホームレス総合相談推進業務を行っている事業所
- 東日本大震災の被災者に対する相談援助業務を実施する事業所
- 被災者に対する相談援助業務を実施する事業所
- 家計相談支援モデル事業を行っている事業所
- 生活困窮者自立相談支援事業を行っている自立相談支援機関
- 生活困窮者家計改善支援事業を行っている事業所
- 被保護者就労支援事業を行っている事業所
- 第1号職場適応援助者助成金受給資格認定法人
- 障害者雇用支援センター
- 訪問型職場適応援助に係る受給資格認定法人
- 公共職業安定所
- 教育機関
- 難病相談支援センター
- 高次脳機能障害者の支援の根拠となる機関
- 家庭裁判所
- 小児慢性と規定傷病児童等自立支援事業を行っている事業所
- 福祉に関する相談援助を行う施設として厚生労働大臣が個別に認めた施設
- 独立型社会福祉士事務所
- 福祉に関する業務を行うことが定款等に明記されている法人

図表3－7　社会福祉士養成課程における実習可能施設一覧

出所）厚生労働省・援護局長「社会福祉士養成課程における相談援助実習を行う実習施設等の範囲について（社援発第1111001号　平成20年11月11日，最終改正　社援発0306第25号　令和2年3月6日　厚生労働省社会・援護局長通知）」をもとに筆者作表。なお，法の改正にともない一部変更される場合があるため，実習生配属の場合には確認を行うことをすすめる。

のため，教員は種別を参考に実習をマネジメントする必要がある。また，実習生も配属先がどの種別になっているのかと法令根拠を事前に学ぶことが求められる。

4　実習プログラミング〜代表例〜

以上を踏まえ，ここで代表的な実習プログラムとその解説を行いたい。

【代表事例】

Ⅰ．基本実習プログラムの事例

ここでは埼玉県富士見市にある入間東部むさしの作業所（就労支援B型／就労移行支援事業所／生活介護）をひとつの事例として，「基本実習プログラム」の作成を通して，新カリキュラムにおける実習プログラミングについて検討していく。

以下，教育に含むべき事項1から10までを参考に，具体的な実習内容に関してみていく。

1．　利用者やその関係者（家族・親族，友人等），施設・事業者・機関・団体，住民やボランティア等との基本的なコミュニケーションや円滑な人間関係の形成

達成目標：クライエント等と人間関係を形成するための基本的なコミュニケーションをとることができる。

当該施設の利用者は，発達障害や知的障害などを有する当事者であるため，「コミュニケーション」は大きな課題となってくる。

むさしの作業所での実習の特徴は，利用者と一緒に仕事に取り組むところにある。生花の栽培を行う屋外での「園芸班」と，組み立て作業等を行う屋内での「製造班」に分かれての業務になるが，実習生としては，まずは施設の利用者や職員に仕事仲間として受け入れてもらうことが必要である。様々な障害を抱えている利用者と積極的にかかわり，一方でその様子を冷静に観察していくことで，ラポールの形成に努めていくことが求められてくる。

2．　利用者やその関係者（家族・親族，友人等）との援助関係の形成

達成目標：クライエント等との援助関係を形成することができる。

先にも述べたが当施設での実習の特徴は，利用者と一緒に仕事に取り組んでいくことにある。したがって，まずは職員が利用者との間で具体的にどのようなやり取りを行っているのか観察しながら学び，その様子をもとに，実習生自身も利用者とやりとりを行っていくことで，ともに仕事を進めていく素地をつくっていくことが求められてくる。

3. 利用者や地域の状況を理解し，その生活上の課題（ニーズ）の把握，支援
   計画の作成と実施及び評価

達成目標：(1) クライエント，グループ，地域住民等のアセスメントを実施し，ニーズを明確にすることができる。(2) 地域アセスメントを実施し，地域の課題や問題解決に向けた目標を設定することができる。(3) 各種計画の様式を使用して計画を作成・策定及び実施することができる。(4) 各種計画の実施をモニタリング及び計画することができる。

　ここでの実習のポイントは，実習生自身が個別支援計画を作成するところにある。ソーシャルワーク実習において，もっとも重要な学ぶべき事項といえる。当施設を含め，当事者の支援を行う施設や機関の利用者やその家族が抱えている事情は様々であり，したがって計画策定の前段階のアセスメント（事前評価）を，しっかりと実施していくことが求められてくる。また支援期間自体が長期に及ぶケースも多いため，支援における PDCA サイクルをしっかり展開していくことを可能にする計画化（プランニング）が求められる。各実習生には，施設職員がどのような計画を立てているのか詳細に学んだうえで，自らの計画を立案していって欲しい。

4. 利用者やその関係者（家族・親族，友人等）への権利擁護活動とその評価

達成目標：クライエント及び多様な人々の権利擁護並びにエンパワメントを含む実践を行い，評価することができる。

　当該施設のような，とりわけ発達障害や知的障害の当事者の支援を行う場所においては，利用者自身の権利擁護を促進する内容の実習は，非常に重要である。アドボケイト機能は，ソーシャルワーク業務の本質の一つとして位置づけられるものであり，実習生には個々に，当事者の権利擁護のあり方について，実習担当者とともに模索していって欲しい。当事者の意思（意志）は自己決定の積み重ねによって明確になってくるとも考えられるのであり，したがってまずは本人が自己決定できる場面をより多く形成してくことが，支援において重要になってくる。

5. 多職種連携及びチームアプローチの実践的理解

達成目標：(1) 実習施設・機関等の各職種の機能と役割を説明することができる。(2) 実習施設・機関等と関係する社会資源の機能と役割を説明することができる。(3) 地域住民，関係者，関係機関等と連携・協働することができる。(4) 各種会議を企画・運営することができる。

　よりよい支援を考えた場合，スムーズな多職種間連携は必須の事項である。また多職種連携については，施設内・機関内の連携はもちろんのこと，同法人内他機関・施設との連携，同市内の同じ障害者支援を行っている同系統の機

関・施設との連携，さらには行政や社会福祉協議会，医療機関との連携なども必要になってくる。実習生の立場では，施設内における連携のあり方について学ぶことがメインになってくるが，施設外の連携のあり方についても，職員が仕事を進めていくなかで，その様子を観察することを通して，同時に学んでいってほしい。とりわけ当施設では，生花を栽培する園芸事業を行っているため，そのノウハウや必要な資材をどこから仕入れているのか，また製品をどのようなルートで販売しているのかなど，他の施設や機関では必ずしも学ぶことのできない事柄も，多く習得することが可能である。実習を機会に，このようなことについても，積極的に吸収していって欲しいところである。

6. 当該実習先が地域社会の中で果たす役割の理解及び具体的な地域社会への働きかけ

達成目標：(1) 地域社会における実習施設・機関等の役割を説明することができる。(2) 地域住民や団体，施設，機関等に説明することができる。

　当該施設では，長年にわたって，利用者一人ひとりが受け取る工賃の金額アップに力を入れてきている。2023（令和5）年度は，就労支援B型事業において，延べ人数利用者10,559人に対して，平均工賃月額45,420円を達成することができた。ちなみに厚生労働省によると，同事業の全国平均工賃月額は，17,031円である（厚生労働省「令和4年度工賃（賃金）の実績について」）。当該事業所では，全国平均より大幅に多い額を利用者に工賃として支給しているのであり，それは委託事業等を積極的に請け負っているから可能になっている，といえる。この点については，他の施設や機関では学ぶことのできない内容と考えられるのであり，実習生もぜひこの機会に，委託先の開拓や請け負った仕事の体験を積極的に行っていってもらいたい。

7. 地域における分野横断的・業種横断的な関係形成と社会資源の活用・調整・開発に関する理解

達成目標：地域における分野横断的・業種横断的な社会資源について説明し，問題解決への活用や新たな開発を検討することができる。

　当該施設は当該市としての富士見市のみならず，隣接のふじみ野市と三芳町の2市1町の障害者支援を包括的に行っている入間東部福祉会の施設であり，実習生としては，そのメリットを十分に活かした実習を行っていってもらいたいと考えている。他施設の見学や職員へのインタビューも，積極的に行っていきたいと考えている。また「地域生活支援拠点事業」や「精神障害にも対応した地域包括ケアシステム」についても，実習を通じて，個々の実習生がそれらについてのイメージをもっていくことが可能な実習プログラムを展開していく。

ソーシャルワーク（以下SW）実践の場の理解に関する内容	ソーシャルワーカー（以下SWr）の理解に関する内容	SW実践の理解に関する内容	SW実践の理解に関する内容（発展的）
1. 他施設の見学を行う（市障がい者基幹相談支援センター等）（OFF・JT）等。 2. 地域の連携体制，地域生活支援拠点等事業，精神障害にも対応した地域包括ケアシステムについて説明を受ける（OFF・JT）。 3. 指定特定相談支援事業所（計画相談事業所）との連携についての説明を受ける（OFF・JT）。	1. 他施設の役割や目的などに関してインタビューを行い，実習記録に記す（市障がい者基幹相談支援センターより地域課題や困難事例を提示し説明をうける）。 2. 地域連携の取組状況，地域生活支援拠点等事業，精神障害にも対応した地域包括ケアシステムについて説明を受け地域課題を考察し，実習記録に記す。 3. 指定特定相談支援事業所の職員にインタビューし，連携における留意点，制度に関する課題や役割を明らかにする。考察し，実習記録に記す。 4. これらを通して地域連携，開発・調整に関しての考察を行い，地域課題等を実習記録に記す。	1. 他施設，市障がい者基幹相談支援センターへ訪問し，インタビューを行う。 2. 地域連携の取組状況，地域生活支援拠点等事業，精神障害にも対応した地域包括ケアシステムについて全国における先進的な取組を研究する。 3. 困難事例に対して自身で考える支援方法，アプローチを考察し実習記録に記す。 4. 指定特定相談支援事業所の職員にインタビューし，連携における留意点，制度に関する課題や役割やサービス等利用計画の理解を深める。	1. 他施設，市障がい者基幹相談支援センターでの不明点，質問を実習指導者に報告し意見交換する。 2. 地域連携の取組状況，地域生活支援拠点等事業，精神障害にも対応した地域包括ケアシステムについて全国における先進的な取組を研究し，自身の考えを実習指導者に報告し意見交換する。 3. 困難事例に対して自分自身で考える支援方法，アプローチを考察し実習指導者に報告し意見交換する。 4. 指定特定相談支援事業所との連携，サービス等利用計画の位置づけなど実習指導者に報告し意見交換する。 5. 地域連携，開発・調整等のあり方について実習指導者と意見交換する。

8. 施設・事業者・機関・団体等の経営やサービスの管理運営の実際（チームマネジメントや人材管理の理解を含む）

達成目標：(1) 実習施設・機関等の経営理念や戦略を分析に基づいて説明することができる。(2) 実習施設・機関等の法的根拠，財政，運営方法等を説明することができる。

　先にも述べたように，当該施設での就労支援B型事業では，全国平均を大きく上回る実績を残しつつある。経営に関する事柄はかりに実習生が一般企業での営業職に就くことになったとしても，十分に役に立つ内容と考えられる。工賃向上について，実習生自身の意見もぜひ提案していって欲しいと考えている。

9. 社会福祉士としての職業倫理と組織の一員としての役割と責任の理解

達成目標：(1) 実習施設・機関等における社会福祉士の倫理に基づいた実践及びジレンマの解決を適切に行うことができる。(2) 実習施設・機関等の規則等について説明することができる。

　当該施設は発達障害や知的障害の当事者が通う事業所であり，自らの意見や主張が難しい人びととの対応を行っている。したがって職員のみならず，実習生にも高い倫理性が求められるのであり，その立ち振る舞いのあり方については，つねにチェックが必要となる。この事項については，実習を通して，そのことについて理解することが求められてくることになる。

10. ソーシャルワーク実践に求められる以下の技術の実践的理解
　・アウトリーチ
　・ネットワーキング
　・コーディネーション
　・ネゴシエーション
　・ファシリテーション
　・プレゼンテーション
　・ソーシャルアクション
　1から9までの学びを通じて，それぞれの援助技法の理解，実際に活用して，振り返るなどの取り組みを行う。

Ⅱ．実習生の事前学習内容
　実習生の事前学習については，特に以下が求められてくる。
(1) 利用者の障害特性（知的障害・発達障害）についての理解を深める。
(2) 障害者総合支援法，障害者虐待防止法，障害者差別解消法の概要を確認する。
(3) 就労支援（一般就労），ジョブコーチ，就労支援センター，障害者就労・生活支援センターについて調べる。
(4) 障害者支援計画について調べる
(5) 地域生活支援拠点等事業，精神障害にも対応した地域包括ケアシステムについて調べる。
(6) 指定特定相談支援事業所（計画相談事業所）について調べる。
(7) 介護給付費・訓練等給付費について調べる。

Ⅲ．考　　察
　現在障害者の就労支援のあり方は，いわゆる旧来の障害者福祉領域に関わる者にとどまらず，特例子会社を含む一般企業の障害者雇用に関わる者も，大きな関心を寄せている。先にも述べた通り，当施設は平均工賃月額において全国平均を大きく上回る実績を残してきている。したがって実習生がここで実習をすれば，これまでの障害者福祉の枠組みにとどまることなく，さらに新たな就労支援のあり方を学ぶことが可能になる，と考えられる。実習生には，新規の仕事をどのように獲得してくるのか，さらにはどのように製品の販路を拡大していくのかなど，既存の施設実習では学ぶことが必ずしも容易ではない事柄について，積極的に学んでいってほしい。

5 領域ごとに見る基本実習プログラム

【高　齢】
【社会福祉法人白十字会　特別養護老人ホーム白十字ホーム】

　基本実習プログラムの考え方と内容（日本ソーシャルワーク教育学校連盟 2021）によれば，ソーシャルワーク実習の教育目標は，「達成目標」と「行動目標」で構成されている。「達成目標」とは，実習生が実習を終了したときに「どのような行動ができるようになっているか」を示したものである。また，「行動目標」とは達成目標を細分化し，「説明できる，図示できる，実施できる，作成できる」など，より具体的かつ観察可能な行動を示している。

　ソーシャルワーク実習においては，ミクロ，メゾ，マクロレベルにおける介入の対象が存在することから，レベル別実習内容と行動目標が必要となる。さらに，例えば180時間実習であれば，第1週目〜2週目，3週目〜4週目，4〜5週目という形で実習が展開していく。この展開に関しては，「ソーシャルワークの実践の場の理解」→「ソーシャルワーカーの理解」→「ソーシャルワーク実践の理解（発展的含む）」という一方向の順序ではなく，相互に行き来しながら実施されるものであるという理解である（日本社会福祉士会編，2022：150）。

　また，実習プログラミングにおける5つの視点としては次の通りである。① ジェネラリストとしてのソーシャルワーカーを養成する。② ソーシャルワークを実践的科学・形式知として伝達する。③「社会福祉士像」を伝達する。④「教育のねらい」を達成する。⑤「教育に含むべき事項」を実施・体験できる（日本社会福祉士会編，2022：121）。

　これら基本実習プログラムの作成に関しては，実習生，実習指導担当教員，実習指導者の3者協議で進めることが求められている。

Ⅰ．基本実習プログラムの事例

　ここでは東京都東村山市の白十字ホーム（特別養護老人ホーム）を一つの事例として，「基本実習プログラム」の作成を通して，新カリキュラムにおける実習プログラミングについて検討したい。

　以下，教育に含むべき事項1から10までを参考に，具体的な実習内容に関してみていく。

1. 利用者やその関係者（家族・親族，友人等），施設・事業者・機関・団体，住民やボランティア等との基本的なコミュニケーションや円滑な人間関係の形成

達成目標：クライエント等と人間関係を形成するための基本的なコミュニケーションをとることができる。

　教育に含むべき事項1においては，以下の通り，具体的実習内容の設定としては，「利用者の生活を観察すること・ボランティア受け入れ担当者へのインタビューをすること」である。

SW実践の場の 理解に関する内容	SWrの 理解に関する内容	SW実践の 理解に関する内容	SW実践の 理解に関する内容（発展的）
1. 施設の機能の確認。施設の多職種の機能を調べる。 2. 地域社会の理解。地域にどのような資源があるか，調べて報告する。 3. ボランティアに関する理解が深められるように，担当者から説明を受け，それに対して質問する。	1. 様々な場面で利用者への観察を進める。 2. その中で気づきを得られるように利用者の言動面と自分の関わりに関して検討する。 3. ボランティア担当職員へのインタビューを通して，SWrの理解を進めるよう，インタビュー内容をまとめ，実習指導者に報告する。	1. 観察の必要性について実習指導者から助言指導を受ける。 2. 利用者のニーズに関する理解を進められるよう，ケース記録を読む。 3. ボランティアの必要性について考察し，まとめる。	1. 面接技術に関して調べ，実習指導者の実践に同席する。 2. 各職種に情報収集をし，利用者のニーズアセスメントを行い，記述する。 3. ボランティアのニーズと利用者への効果について記録する。

　白十字ホームでは，相談員の中で，特に「ボランティア担当」専任の職員を置いている。ボランティア担当職員の業務，役割，ボランティア受け入れの工夫等，インタビュー項目を実習生が考え，実際にインタビューを行う。それらを通しその職員の役割，地域のボランティアと施設との連携プログラムなどに関する考察を深めることが可能になる。

　さらに，各フロアにて，利用者の生活に必要なケアや，それぞれの利用者の生活を観察することを通し，「気になる利用者」を挙げ，何が気になるのか，理解を深めることを目標とする。また気になる利用者の心身状態，生活状況をアセスメントし，アセスメントシートに記入する。その際に各職種に情報収集をすることで，多職種の役割・機能についても学ぶことにつながると思われる。

2. 利用者やその関係者（家族・親族，友人等）との援助関係の形成

達成目標：クライエント等との援助関係を形成することができる。

　教育に含むべき事項2においては，特に白十字ホームで実践されている「看取り」に関する考察を軸に実習を進める。看取りのしおりに沿って，学習していく。① 終末期にみられる心身の兆候，② 施設の役割，③ 家族の役割，④ グリーフケアの内容を学習し，さらに事例を通してソーシャルワーカーの役割を検討する。

SW 実践の場の 理解に関する内容	SWr の 理解に関する内容	SW 実践の 理解に関する内容	SW 実践の 理解に関する内容（発展的）
1. 施設で行われている看取りについて,「しおり」を読んでその意義をまとめる。 2. 事例を通して看取りにおける多職種の役割を調べる。 3. 看取り期の利用者・家族のおかれた環境面について考察する。 4. 利用者の人間関係に関しての理解のため, ケース記録を読む。	1. 看取り期の利用者と家族へのワーカーの支援方法についてケース記録をもとに調べる。 2. 施設の人間関係における様々なリアクションについて, 実習生が記録する。	1. 施設における看取りの体制やその課題をまとめ, 実習指導者に報告する。 2. 記録の書き方への指導を受ける。	1. 面接場面における記述方法を工夫する。 2. 看取り期の利用者との信頼関係の構築に関して, 実際に面接に同席して, 課題を整理する。 3. グリーフケアについて調べ, 事例を通して考察し, 感想を述べる。

3. 利用者や地域の状況を理解し, その生活上の課題（ニーズ）の把握, 支援計画の作成と実施及び評価

達成目標：クライエント, グループ, 地域住民等のアセスメントを実施し, ニーズを明確にすることができる。地域アセスメントを実施し, 地域の課題や問題解決に向けた目標を設定することができる。各種計画の様式を使用して計画を作成・策定及び実施することができる。各種計画の実施をモニタリング及び評価することができる。

　教育に含むべき事項3においては, 地域アセスメントが課題になる。実習指導者の支援を受けながら地域の社会資源マップ作成を行う。またさらに, 教育に含むべき事項1の「気になる利用者」に関するアセスメントをもとに, 支援計画作成をし, 実施, モニタリング, 評価をすることが課題となる。

SW 実践の場の 理解に関する内容	SWr の 理解に関する内容	SW 実践の 理解に関する内容	SW 実践の 理解に関する内容（発展的）
1. 利用者の支援計画作りにおける情報収集を通じて, 各職種や機関の役割が理解できるようにする。情報収集の方法についての指導を受ける。 2. 支援計画の実施における多職種へのネゴシエーションを学ぶ。 3. 地域の社会資源を調べ, 地域アセスメントを行う。資源マップ作成。	1. 支援計画作成の指導を受ける。 2. ジェノグラム, エコマップの作製とともに, 支援における位置づけを記述する。 3. 支援計画作成について, 具体的に記述する。 4. 地域の中で施設のSWrが果たす役割について考察し, 記録にまとめる。 5. SWr の業務を観察し, 役割をまとめ, 実習指導者に報告する。	1. 支援計画の実施に関して, 利用者, 家族の了解を得る。 2. 計画実施に際して, 多職種への理解を求める。 3. 実施後の評価を行い, プレゼンテーションを行う。 4. 職場で関係職種と支援計画を共有する。	1. 実習生自身が支援計画を立てるのみならずケース記録を読み込み, そこでのSWrの支援方法, 支援のあり方などを考察し, 報告としてまとめる。

4. 利用者やその関係者（家族・親族, 友人等）への権利擁護活動とその評価

達成目標：クライエントの権利擁護及びエンパワメントを含む実践を行い, 評価することができる。

　教育に含むべき事項4においては,「権利擁護とエンパワメント」というテーマで, 実習を進める。権利擁護に関しては, 苦情解決委員会等各種委員会

の参加，ヒヤリハットなどのリスクマネジメントの理解を深めるとともに，エンパワメントに関しては白十字ホームでは音楽療法が利用者のエンパワメントにつながる実践であるという位置づけである。音楽療法士に話を聞く，また資料を読む，音楽療法に参加するなどの実習内容から，利用者へのエンパワメント実践を習得し，その評価をする。

SW 実践の場の 理解に関する内容	SWr の 理解に関する内容	SW 実践の 理解に関する内容	SW 実践の 理解に関する内容（発展的）
1. 各種権利擁護に関する制度や施設内委員会の説明を受ける。委員会に参加をする。 2. ヒヤリハット事例などについて説明を受け，リスクマネジメント体制を学ぶ。 3. 音楽療法がなぜエンパワメントにつながるのか，に関する事例紹介を受け，考察する。	1. 各種委員会や，その中におけるSWrの役割を学ぶ。 2. 音楽療法によるエンパワメント事例とSWrの役割について。	1. 施設の権利擁護活動が利用者，家族へもたらす効果や課題について検討する。 2. 利用者へのエンパワメントがケア全体へもたらす影響について検討する。	1. 権利擁護活動やそれを支える取り組みについて理解し，報告書をまとめる。 2. エンパワメント事例における支援体制について調べて，報告する。

5. 多職種連携及びチームアプローチの実践的理解

達成目標：実習施設・機関等の各職種の機能と役割を説明することができる。実習施設・機関等と関係する社会資源の機能と役割を説明することができる。地域住民，関係者，関係機関等と連携・協働することができる。各種会議を企画・運営することができる。

　5に関しては，2. で学んだ「看取り」の事例と，言語聴覚士が行っている嚥下困難利用者に対する支援事例を読み，多職種連携とチームワークの中でどのような支援が行われているかその構造を理解し，ソーシャルワーカーの役割について学ぶことが目標となる。

SW 実践の場の 理解に関する内容	SWr の 理解に関する内容	SW 実践の 理解に関する内容	SW 実践の 理解に関する内容（発展的）
1. 看取りの事例，言語聴覚士（ST）の嚥下困難な利用者への支援事例を読む。 2. 様々な事例におけるチームワークの実際に関して，ケアカンファレンスに参加をし，記録を書く。 3. デイサービス等他事業所の紹介を受け，社会資源の機能を理解し資源マップ作りをすすめる。 4. 資料やホームページ，職員の話を聞き，実習施設の機関，機能を理解する。 5. アウトリーチ，コーディネーション，チームワークの重要性について調べる。 6. 資源マップを完成させ，それぞれの機関の役割を理解し，説明する。	1. 看取りケアカンファレンスにおけるSWrの役割に関して検討し，記録にまとめる。 2. 6.の場の理解と同様。 3. アウトリーチ，コーディネーション，チームワークの事例検討。	1. ケアカンファレンスの効果に関して，実習指導者に報告する。 2. 資源マップを活用する事例を検討。 専門職（言語聴覚士）の役割・機能を学びそこからチームアプローチ，多職種連携を考え，記録にまとめる。	1. ケアカンファレンスの理解とともに，実際の効果について検討する。 2. 模擬ケアカンファレンスを主催する。 3. 資源マップをもとに，地域における社会資源に関するプレゼンテーションを行う。

6. 当該実習先が地域社会の中で果たす役割の理解及び具体的な地域社会への働きかけ

達成目標：地域社会における実習施設・機関等の役割を説明することができる。地域住民や団体，施設，機関等に働きかけることができる。

　6に関しては，白十字ホームが行っている地域交流プログラムの体験を通して学ぶ内容となる。施設開園50周年記念誌を読み，施設の今までの歴史と地域交流プログラムを理解する。小学校との交流では，施設で作成した小学生向けの老人ホームの利用者の話である「いのちのバトンのお話」を活用し，学習する。さらに，実際に地域交流プログラムに参加し，ソーシャルワーカーの役割について観察し，理解を深める。地域に向けた働きかけや活動の一覧を作成し，その効果や地域における影響などを検討，資源マップも参考にしてプレゼンテーションすることでより地域交流に関する考察を進めることにつながる。

SW 実践の場の理解に関する内容	SWr の理解に関する内容	SW 実践の理解に関する内容	SW 実践の理解に関する内容（発展的）
1. 施設の地域での取り組みについて，調べ，記録する。例えば小学校との交流，地域の食事会など。施設開園50周年誌と「いのちのバトンのお話」のしおりを読み，感想を記録する。 2. 地域における他機関に関して調べ，資源マップ作りをさらに続け，完成させる。	1. 地域に向けた取り組みにおける SWr の役割について資料をもとにまとめる。 2. 6. の場の理解と同様。 3. 地域交流の中で小学校との交流もしくは地域の食事会に実際に参加し，SWr の役割を観察する。	1. 地域に向けた働きかけに関して SWr がボランティア受け入れや企画運営など，どのような役割をしているか，理解し，実習指導者に報告する。	1. 地域に向けた働きかけや活動の一覧を作成し，その効果や地域における影響などを検討，資源マップも参考にしてプレゼンテーションする。

7. 地域における分野横断的・業種横断的な関係形成と社会資源の活用・調整・開発に関する理解。

達成目標：地域における分野横断的・業種横断的な社会資源について説明し，問題解決への活用や新たな開発を検討することができる。

　7においては，教育に含める事項3と6においてすすめて完成させた資源マップを活用した実習内容となる。白十字ホームは東京都東村山市に所在していることから，東村山市のマップをもとに資源を調べ，記入する作業をし，完成させる。

　基本的には6で実習した内容がベースとなるが，ソーシャルワーク実践の理解に関する内容（発展的）においては，新たな資源の開発をすることが求められる。地域に不足するサービスや支援についての考察と，必要な資源の開発を実習生が提案し，プレゼンテーションを行う。

8. 施設・事業者・機関・団体等の経営やサービスの管理運営の実際（チームマネジメントや人材管理の理解を含む）

達成目標：実習施設・機関等の経営理念や戦略を分析に基づいて説明すること

ができる。実習施設・機関等の法的根拠，財政，運営方法等を説明することができる。

8では，施設長や管理者から経営理念や経営戦略についての話を聞く。また，職員の研修制度についての理解を進める。介護保険制度の報酬と稼働率についての関係性の理解を進め，施設経営で必要な視点やマネジメントが理解できるようになることが重要である。さらに，経営理念を実践上実現していくための取り組みについて，検討し，提案する。

SW 実践の場の 理解に関する内容	SWr の 理解に関する内容	SW 実践の 理解に関する内容	SW 実践の 理解に関する内容（発展的）
1. 施設長や管理者より，経営理念，戦略について説明を受ける。→分析に基づき内容を説明する。 2. 施設職員の研修制度について調べ，実習指導者に報告する。 3. 法的根拠や財政について説明を受ける。 4. 介護報酬と加算について，利用稼働率について学ぶ。	1. 経営理念・戦略について実習指導者よりSWrの立場から説明を受ける。 2. SWrの研修制度を多職種との関係で考察し，内容を記述する。 3. 稼働率とSWrの役割について。	1. 経営理念が実践にどのようにつながるかの理解をすすめ，記述する。 2. 研修制度全体を具体的に理解し，記述する。 3. 稼働率向上の取り組みの説明を受ける。	1. 施設長，管理職への聞き取りを行い，チームマネジメント，人材管理の課題を整理する。利用稼働率などを中心とした経営面の課題など。 2. 経営理念を実践上実現していくための取り組みについて，検討し，提案する。

9. 社会福祉士としての職業倫理と組織の一員としての役割と責任の理解

達成目標：実習施設・機関等における社会福祉士の倫理に基づいた実践及びジレンマの解決を適切に行うことができる。実習施設・機関等の規則等について，説明することができる。

9においては，倫理的ジレンマについて，施設のケアのどのような場面でジレンマが生じているのか，実習指導者の助言をもとに考察する。さらに，事例検討を行い，その解決方法を提案する。また，施設の規則，ルールを参照し，ジレンマの起こる状況と照らし合わせて説明できるようになることが目標である。

SW 実践の場の 理解に関する内容	SWr の 理解に関する内容	SW 実践の 理解に関する内容	SW 実践の 理解に関する内容（発展的）
1. 施設のケアの場面でどのような倫理的ジレンマが生じることがあるか，実習指導者の助言をもとに検討する。 2. 上記と，施設の規則，ルールと照らし合わせ，説明する。	1. 倫理的ジレンマの事例の検討の中で，SWrが，なぜジレンマ状態に陥るのか，検討する。	1. 倫理的ジレンマにおける解決方法を事例を用いて検討する。	1. ジレンマについての理解とそれを解決する方法について，提案する。

10. アウトリーチ・ネットワーキング・コーディネーション・ネゴシエーション・ファシリテーション・プレゼンテーション・ソーシャルアクションについて目的，方法，留意点について説明することができる

　1から9までの学びを通じて，それぞれの援助技法の理解，実際に活用して，振り返るなどの取り組みを行う。

Ⅱ．学生の事前学習内容

　学生の事前学習については，次の通りである。

1. 高齢者の理解（疾病の理解，高齢期の課題の理解を含む）→車いす体験，高齢者体験，認知症サポーター養成講座，認知症サポーターフォローアップ講座，高齢者へのインタビュー（ボランティア活動含む）→教育に含むべき事項1，2，3

2. ケアプラン事例集を読む→気になる点，わからない点をピックアップ，整理する。→教育に含むべき事項3

3. 援助技法に関する文献を読む。傾聴を中心に，その重要性に関して学ぶ。→教育に含むべき事項1，2

4. 言語聴覚士，栄養士，看護師，介護福祉士など他職種の機能を調べる→教育に含むべき事項5

5. 市町村の介護護保険事業計画を事前に読む。（介護保険事業計画とは，介護保険法に基づき地方自治体が策定する介護保険の保険給付を円滑に実施するための計画である。市町村が策定する「市町村介護保険事業計画」（介護保険法第117条）と都道府県が策定する「都道府県介護保険事業支援計画」（介護保険法第118条）がある。）→教育に含むべき事項3，5，6，7

6. 高齢者を対象としたボランティア活動を行う。→教育に含むべき事項5，6，7

7. 里孫活動，音楽療法などのホームの活動に関して，あらかじめ調べる。→教育に含むべき事項4，5，6

8. 権利擁護活動，人権関係に関しては，苦情解決システム，第三者評価委員会，身体拘束，などについて調べる。→教育に含むべき事項4，9

9. アウトリーチ・ネットワーキング・コーディネーション・ネゴシエーション・ファシリテーション・プレゼンテーションを理解し，説明できる。教育に含むべき事項→1，2，3，4，5，6，7，8，9，10

Ⅲ．考　　察

　Ⅰで，基本実習プログラムに関して，白十字ホームの事例をもとに考察した。白十字ホームでは，①ボランティア専任職員の配置，②看取りの支援，③言語聴覚士の嚥下困難利用者への支援，④音楽療法士によるエンパワメント支

プロムナード 1

社会福祉法人白十字会　特別養護老人ホーム
白十字ホーム　福祉相談課課長　森田佳子

私が実習担当となって実習に関わり始めたのは 2016 年のことです。それまでも白十字ホームではたくさんの実習生を受け入れてきました。実習生として白十字ホームに来て実習を続けていくなかで，利用者との関わりに魅力や楽しさを感じ，そこから就職につながった学生もいます。ただ，忙しい業務のなかで実習生を受け入れていくというのはなかなか大変なことも事実です。

白十字ホームの生活相談員の業務は，ショートステイの送迎，介護保険の給付管理，ボランティアの受け入れ，入所相談，新入所やショートステイ新規利用の面接・契約，対外的な会議への参加，利用者永眠時などの家族対応，介護保険や医療などの各種手続き等々。その合間に色々なところから電話が入ったり，利用者や利用者家族から相談が飛び込んできます。そのなかで実習生に指導を行い，実習ノートに目を通す…。正直片手間になってしまったり忙しさが勝ってしまい実習生対応が疎かになってしまうことも多々あります。

私が実習担当になってまだ日が浅かった頃，ある学校の実習報告会に出席しました。そこで白十字ホームに実習に来てくれた学生の報告を聞くことになりました。その学生は「特別養護老人ホームの生活相談員はみんなが忙しそうで，何をしているかわかりませんでした。」という報告でした。報告会が終わったあと，なんだか申し訳ない気持ちと情けない気持ちでモヤモヤした気分を抱えて帰ったのを思い出します。

そのあと実習担当として実習に携わっていくなかで，心がけていきたいと思っているのは「意味を伝える」ということです。生活相談員の業務は制度や行政の関わりのなかで書類のやり取りや作成が不可欠です。書類は作成したら保管も大切になってきます。ともすれば単調な事務仕事に思えてしまいますが，「なぜそれが必要なのか」「法や制度とどう関係しているのか」などの視点も交えて「意味」を伝えていくことで「社会福祉士の専門性」や「倫理観」が伝わればいいなと思っています。

また座学ではなくフロアに入り他の職種と関わりながら利用者の生活支援の場面を実際に見ることで「要介護となった利用者の生活を支えるということがどういうことか」「利用者の状態に応じて介護をすることの奥深さ」を感じて欲しいなと思っています。

様々な感情を持った利用者と関わることで，今まで知らなかった自分の感情に気付いたり，なんだか心がぽっと暖かくなる瞬間があったり…。そんな体験がなにものにも変え難い実習の醍醐味だと思います。自分の感情の動きに目を向けながら，最後に「実習楽しかった！」と思えるようサポートしていきたいと思っています。

援，⑤ 小学校や食事会などの地域交流プログラムなど，豊富な特色のある取り組みがあり，これらが社会福祉士の実習の一つの軸となっている。

これらを通して，ソーシャルワーカーの役割，多職種連携，ソーシャルワーク実践と行われる場の理解などを段階的に，また総合的な学びができるように個別実習プログラムでは，1週目から4〜5週目にかけて，学んでいくことになる。

今回は白十字ホームの事例をもとに検討したが，各施設ごと，また地域ごとに様々な特色，特徴があると思われ，これらの特色，特徴を生かした実習内容の構築が望まれる。

【社会福祉法人うらら　赤羽高齢者あんしんセンター】

Ⅰ. 基本実習プログラムの事例

　ここでは東京都北区の赤羽高齢者あんしんセンター（地域包括支援センター）を一つの事例として，「基本実習プログラム」の作成を通して，新カリキュラムにおける実習プログラミングについて検討したい。

　以下，教育に含むべき事項1から10までを参考に，具体的な実習内容に関してみていく。

1. 利用者やその関係者（家族・親族，友人等），施設・事業者・機関・団体，住民やボランティア等との基本的なコミュニケーションや円滑な人間関係の形成

達成目標：クライエント等と人間関係を形成するための基本的なコミュニケーションをとることができる。

　教育に含むべき事項1においては，以下の通り，具体的実習内容の設定としては，「地域の中の地域包括支援センターの役割の理解，サロン活動についての理解，利用者への観察，ニーズの理解」である。

SW実践の場の理解に関する内容	SWrの理解に関する内容	SW実践の理解に関する内容	SW実践の理解に関する内容（発展的）
1. 地域の中におけるセンターの役割について理解する。 2. 地域の中の虚弱，要介護の高齢者の生活について，ケース記録等をもとに考察する。 3. サロン活動もしくは，地域利用者の説明を受ける。	1. 様々な場面（同行訪問やサロン活動）で利用者への観察を進める。→サロン活動利用者との交流 2. その中で気づきを得られるように利用者の言動面と実習生自身の関わりに関して検討する。	1. 各関係職種やボランティアの役割を理解する。 2. 観察の必要性についての助言を受け，理解する。 3. ニーズに関する理解を進める。	1. 地域のニーズや虚弱，要介護高齢者のニーズを検討し，それを報告にまとめてプレゼンテーションを行う。 2. 実習指導者からコメントをもらい，ファシリテーターとしてのSWrの役割を学ぶ。

　利用者や地域包括支援センターへの理解については，ケース記録をもとに考察し，さらにサロン活動の利用者との交流を通じて，地域のニーズや虚弱，要介護高齢者のニーズを検討し，それを報告にまとめてプレゼンテーションを行う。

2. 利用者やその関係者（家族・親族，友人等）との援助関係の形成

達成目標：クライエント等との援助関係を形成することができる。

　教育に含むべき事項2においては，地域の中における地域包括支援センターの役割の理解，ソーシャルワーカーの業務に関する観察と考察，ケース記録の書き方について指導を受ける。ニーズアセスメントについて，具体的に学ぶ，である。

SW 実践の場の 理解に関する内容	SWr の 理解に関する内容	SW 実践の 理解に関する内容	SW 実践の 理解に関する内容（発展的）
1. 地域の中におけるセンターの役割（サロン活動等）について理解し，記録する。 2. センターだよりを読む（X，旧ツイッター）	1. SWr の業務に関する観察と考察。	1. ケース記録の書き方に関して説明を受け，実施する。	1. ボランティアや予防プランの対象者等へのモニタリング同行訪問をして，ニーズアセスメントを行う。

3. 利用者や地域の状況を理解し，その生活上の課題（ニーズ）の把握，支援計画の作成と実施及び評価

達成目標：クライエント，グループ，地域住民等のアセスメントを実施し，ニーズを明確にすることができる。地域アセスメントを実施し，地域の課題や問題解決に向けた目標を設定することができる。各種計画の様式を使用して計画を作成・策定及び実施することができる。各種計画の実施をモニタリング及び評価することができる。

　教育に含むべき事項3においては，支援計画作成や実施における多職種への働きかけを学ぶ。

SW 実践の場の 理解に関する内容	SWr の 理解に関する内容	SW 実践の 理解に関する内容	SW 実践の 理解に関する内容（発展的）
1. 支援計画作りにおける情報収集を通じて，各職種や機関の役割が理解できるようにする。情報収集の方法についての指導を受ける。 2. 支援計画の実施における多職種へのネゴシエーション，ネットワーク，アウトリーチを学び，内容を整理する。	1. 既存のケース記録（困難事例など）を読み込むことで，支援のあり方，SWr の役割を理解し，内容を整理する。 2. ジェノグラム，エコマップの作製とともに，支援における位置づけの理解をして記録する。 3. ケアプラン作成について，具体的に書き方について指導を受ける。 4. SWr と高齢者宅へ同行訪問し，生活ニーズを考える。	1. 同行訪問した高齢者のニーズアセスメントをして，支援計画を考える。 2. さらに既存のケース記録を読み，支援の流れを理解し，各関係機関の役割等を理解し，実習指導者に報告する。 3. 地域の様々な職種との関係性や役割について理解し，記述する。 4. 地域の中で必要な資源について考察する。→足りている資源と足りていない資源。	1. 同行訪問したケースについて，支援計画の実施とモニタリングを実施（シュミレーションでよい）してみる。 2. さらにケース記録を読み，支援のシュミレーションを行うことで，既存のケースにおいても，終了したケースにおいても，実習生が自分でアセスメントし，支援方法を検討する。 3. 1. と 2. で学んだ内容をプレゼンテーションする。

　支援計画作りにおける情報収集を通じて，各職種や機関の役割が理解できるようにする。情報収集の方法についての指導を受ける。支援計画の実施における多職種へのネゴシエーション，ネットワーク，アウトリーチを学び，内容を整理する。さらに，．既存のケース記録（困難事例など）を読み込むことで，支援のあり方，ソーシャルワーカーの役割を理解し，内容を整理する。多職種連携や社会資源の収集などについても理解を深める。

4. 利用者やその関係者（家族・親族，友人等）への権利擁護活動とその評価

達成目標：クライエントの権利擁護及びエンパワメントを含む実践を行い，評価することができる

　教育に含むべき事項4においては，「虐待対応とチームアプローチ」という

テーマで，実習を進める。

SW 実践の場の 理解に関する内容	SWr の 理解に関する内容	SW 実践の 理解に関する内容	SW 実践の 理解に関する内容（発展的）
1. 高齢者虐待に関する既存の事例を読み，考察する。	1. チームアプローチの中で，虐待対応がいかに行われているか，SWr の役割を中心に考え，実習指導者に報告する。	1. チームアプローチと虐待対応に関する考察をまとめ，プレゼンテーションする。	1. さらに深め，虐待に関し予防的取り組みについて検討し，提案する。

　　高齢者虐待に関する事例を読むこと，チームアプローチの中で虐待対応がいかに行われているか，ソーシャルワーカーの役割などについてまとめてプレゼンテーションをする。

5. 多職種連携及びチームアプローチの実践的理解

達成目標：実習施設・機関等の各職種の機能と役割を説明することができる。実習施設・機関等と関係する社会資源の機能と役割を説明することができる。地域住民，関係者，関係機関等と連携・協働することができる。各種会議を企画・運営することができる。

　　5 に関しては，多職種連携，チームアプローチの理解である。

SW 実践の場の 理解に関する内容	SWr の 理解に関する内容	SW 実践の 理解に関する内容	SW 実践の 理解に関する内容（発展的）
1. 行政関係の地域ケア会議をはじめとする会議への参加を通して，連携やチームアプローチのあり方を学び，記述する。 2. アウトリーチ，コーディネーション，チームワークの事例検討。 3. 認知症初期集中支援チームの会議に参加し，それぞれの機能を学び，記録する。	1. 地域社会の中で地域包括支援センターが果たす役割と SWr が果たす役割を学ぶ。 2. 地域の関係機関の専門職への聞き取り調査を通じてチームアプローチを学ぶ。 →地域の薬局等（教員も協力）	1. サロン活動やボランティアの役割など地域の特徴を学び，これらの社会資源が地域の中で果たす役割を検討する。	1. 地域の関係機関への聞き取り結果を考察し，プレゼンテーションする。

　　地域ケア会議などの出席，，アウトリーチ，コーディネーション，チームワークの事例検討，認知症初期集中支援チームの会議に参加，地域の関係機関の専門職への聞き取り調査を通じてチームアプローチを学ぶなど，これらを通して実践的な学びができるようにする。

6. 当該実習先が地域社会の中で果たす役割の理解及び具体的な地域社会への働きかけ

達成目標：地域社会における実習施設・機関等の役割を説明することができる。地域住民や団体，施設，機関等に働きかけることができる。

SW 実践の場の 理解に関する内容	SWr の 理解に関する内容	SW 実践の 理解に関する内容	SW 実践の 理解に関する内容（発展的）
1. 地域のネットワークやアウトリーチのあり方について学び，実習指導者に報告する。 2. 地域のサロン活動と，その機能について学び，内容を整理する。	1. ネットワークやアウトリーチの事例を学び，SWr の役割について学び，記述する。	1. ボランティア等への聞き取りを通じて，地域におけるセンターの役割を理解し，その内容を整理し，実習指導者に報告する。	1. ボランティア等への聞き取り結果を考察し，プレゼンテーションする。

　社会福祉法人による地域の公益的取り組みに関する学びとなる。赤羽高齢者あんしんセンターでは，地域のサロン活動を積極的に行っている。こうした取り組みの意義を理解し，ネットワークやアウトリーチについて学ぶ。

7. 地域における分野横断的・業種横断的な関係形成と社会資源の活用・調整・開発に関する理解。

達成目標：地域における分野横断的・業種横断的な社会資源について説明し，問題解決への活用や新たな開発を検討することができる。

SW 実践の場の 理解に関する内容	SWr の 理解に関する内容	SW 実践の 理解に関する内容	SW 実践の 理解に関する内容（発展的）
1. 地域のネットワークやアウトリーチのあり方について学び，実習指導者に報告する。 2. 地域のサロン活動と，その機能について学び，内容を整理する。	1. ネットワークやアウトリーチの事例を学び，SWr の役割について学び，記述する。	1. ボランティア等への聞き取りを通じて，地域におけるセンターの役割を理解し，その内容を整理し，実習指導者に報告する。	1. 新たな資源の開発（ソーシャルアクション）を考える。 2. 6.の発展と同様。

　実習生は 6 の学びの上に，7 として，地域におけるネットワークやアウトリーチの手法を学ぶ。さらに新たな資源の開発（ソーシャルアクション）を考えてみる，という自ら必要な資源を作る，という作業を通じて，地域の資源やネットワークのあり方について学ぶ。

8. 施設・事業者・機関・団体等の経営やサービスの管理運営の実際（チームマネジメントや人材管理の理解を含む）

達成目標：実習施設・機関等の経営理念や戦略を分析に基づいて説明することができる。実習施設・機関等の法的根拠，財政，運営方法等を説明することができる。

　8 では，施設長や管理者から法人理念や行動指針についての話を聞く。また，職員の研修制度についての理解を進める。

SW 実践の場の 理解に関する内容	SWr の 理解に関する内容	SW 実践の 理解に関する内容	SW 実践の 理解に関する内容（発展的）
1. センターの理念・運営方針などの説明を受け，理解し，内容を整理する。（オリエンテーション時）	1. センターの運営理念を実現するには，どのような環境整備が必要か，その中でSWr の役割について考え，実習指導者に報告する。	1. 運営理念が実践にどのようにつながるかの理解をすすめ，内容を整理する。 2. 研修制度全体を具体的に理解できるようにする。	1. 運営理念を実践上実現していくための取り組みについて，検討し，提案する

　法人理念や行動指針のみならず，稼働率や加算について，サービスの質と利用者の生活の質の関連性，稼働率向上や加算取得に向けたソーシャルワーカーの働きかけについて説明を受け，理解する。さらにセンターの運営理念を実現するには，どのような環境整備が必要か，その中でソーシャルワーカーの役割について考え，実習指導者に報告する。

9．社会福祉士としての職業倫理と組織の一員としての役割と責任の理解

達成目標：実習施設・機関等における社会福祉士の倫理に基づいた実践及びジレンマの解決を適切に行うことができる。実習施設・機関等の規則等について説明することができる。

　9においては，倫理的ジレンマについて検討する。

SW 実践の場の 理解に関する内容	SWr の 理解に関する内容	SW 実践の 理解に関する内容	SW 実践の 理解に関する内容（発展的）
1. 支援の場面でどのような倫理的ジレンマが生じることがあるかの構造を検討する。	1. 倫理的ジレンマの事例（既存の困難事例等）の検討の中で，SWr が，なぜジレンマ状態に陥るのか，検討する。	1. 倫理的ジレンマにおける解決方法を事例を用いて検討する。	1. ジレンマについての理解とそれを解決する方法について，提案する。

　ここでは，倫理的ジレンマの事例（既存の困難事例等）の検討の中で，ソーシャルワーカーが，なぜジレンマ状態に陥るのか，検討する。さらに倫理的ジレンマの解決方法を検討する。

10．アウトリーチ・ネットワーキング・コーディネーション・ネゴシエーション・ファシリテーション・プレゼンテーション・ソーシャルアクションについて目的，方法，留意点について説明することができる

　1から9までの学びを通じて，それぞれの援助技法の理解，実際に活用して，振り返るなどの取り組みを行う。

Ⅱ．学生の事前学習内容

　学生の事前学習については，次の通りである。

・施設のホームページを見て，センターの機能を理解する。テキストなどで高齢者への理解（疾病の傾向や生活状況）を深める。教育に含むべき事項→1，6，7，8

第3章　実習プログラミング

> **プロムナード 2**
> 社会福祉法人うらら介護相談部部長兼十条高齢者あんしんセンター長
> 島崎陽子
>
> 　社会福祉法人うららの地域包括支援センターでは毎年社会福祉士や看護師の実習生を複数受け入れている。毎回「今回はどんな学生と出会い，ともに何を学べるか？」とワクワクする。
> 　実習生にとって初日の緊張感は計り知れないと思うが，私達職員も初々しいその姿から触発を受け姿勢を正し改めて仕事に向き合う動機付けになっていると感じられる。
> 　センターの始業とともに一斉に鳴り出す電話に，実習生は目を丸くして立ちすくむ。そして職員が次々と電話で相談をしている姿に驚いているのだ。今どきの実習生世代は電話の取り次ぎなどの経験がほとんど無く高齢者と関わりも少ないとのこと。そんな世代のギャップを埋めながら，様々なケースにできるだけ触れ，学んできた知識と融合させ考察できるよう実習指導者は熟考している。
> 　実習カリキュラム改正で，より多くの体験を得る機会となった。体験で得たものは脳裏に刻まれ社会に出てからも活かすことができると確信している。実習終盤には電話の音にも慣れ相談内容も推測できる実習生の成長ぶりに福祉を担える人材育成の一助になったと思うとうれしい気持ちになる。

・車いす体験や要介護高齢者体験をする。教育に含むべき事項→ 1

・北区の介護保険事業計画など，ホームページから閲覧できる行政計画に目を通す。教育に含むべき事項→ 2，6，7，8

・認知症サポーター養成講座，認知症サポーターフォローアップ講座に参加し，認知症に関する理解を深める。教育に含むべき事項→ 1，2，3，5，9

・ケアプラン事例集を読み，ケアプラン作成に関して理解を深め，疑問点を整理する。教育に含むべき事項→ 1，2，3，4，9

・成年後見制度や北区の高齢者虐待の支援マニュアルを読む。苦情解決制度や，身体拘束に関して調べる。教育に含むべき事項→ 1，2，3，4

・センターが参加している各種の多職種連携会議や，関係機関を調べる。関係する職種や機関に関して調べ，理解を深める。教育に含むべき事項→ 3，5，6，7，9

・社会資源マップ作りを行う。ソーシャルアクションについて文献で学ぶ。教育に含むべき事項→ 6，7

・倫理的ジレンマに関する事例（事例集などで）を読む。教育に含むべき事項→ 9

・アウトリーチ・ネットワーキング・コーディネーション・ネゴシエーション・ファシリテーション・プレゼンテーションを理解し，説明できる。教育に含むべき事項→ 1，2，3，4，5，6，7，8，9，10

Ⅲ．考　　察

　Ⅰで，基本実習プログラムに関して，赤羽高齢者あんしんセンターの事例をもとに考察した。赤羽高齢者あんしんセンターは，① 地域包括支援センター

の実践，②地域包括ケアシステムについて積極的に実践している施設である。これらを通して，地域社会における地域包括支援センターのソーシャルワーカーの役割，機関の役割や機能，さらに多職種連携や，地域におけるアウトリーチ，ネットワークなどソーシャルワーク実践を段階的に，また総合的な学びができるようにしていく。様々な事例検討を行い，困難事例なども活用しているところが特徴である。さらに，ボランティアへの聞き取りや社会資源マップ作成，新たな資源の開発（ソーシャルアクション）を検討，と実践的な視点から地域におけるソーシャルワーク実践を学ぶことができる内容であると思われる。個別実習プログラムでは，1週目から4〜5週目にかけて，学んでいくことになる。

第3章　実習プログラミング

【社会福祉法人サンライズ　特別養護老人ホームサンライズ大泉】

Ⅰ．基本実習プログラムの事例

　ここでは東京都練馬区のサンライズ大泉（特別養護老人ホーム）を一つの事例として，「基本実習プログラム」の作成を通して，新カリキュラムにおける実習プログラミングについて検討したい。

　以下，教育に含むべき事項1から10までを参考に，具体的な実習内容に関してみていく。

1．利用者やその関係者（家族・親族，友人等），施設・事業者・機関・団体，住民やボランティア等との基本的なコミュニケーションや円滑な人間関係の形成

達成目標：クライエント等と人間関係を形成するための基本的なコミュニケーションをとることができる。

　教育に含むべき事項1においては，以下の通り，具体的実習内容の設定としては，「施設の機能の確認，多職種の機能を調べる，法人理念や行動指針を知る，利用者・家族・関係者の中でどのような技法が活かされているのか考察，自分から挨拶」である。

SW実践の場の 理解に関する内容	SWrの 理解に関する内容	SW実践の 理解に関する内容	SW実践の 理解に関する内容（発展的）
1．施設の機能の確認。施設の多職種の機能を調べる。 2．事業計画の説明を受け，法人理念や行動指針を知る。 3．クレド＊について説明を受け，目的を理解する。 4．自分から挨拶する。	1．実習指導者がどのようなスタンスで関わっているか観察し報告する。 2．事前学習の技法を利用者との関わりの中で考察しながら観察する。 3．電話での相談場面を観察する。 4．利用者，ご家族，関係者とのやり取りの中で，どのような技法が活かされているのか考察する。	1．利用者と交流し，日常場面での会話を体験する。 2．見学や申し込み相談の場面に同行同席する。 3．入所希望者の事前面接に同行する。 4．同行同席時にどのような技法が用いられていたか整理し，その効果を考察する。	1．これまでの観察や利用者との交流を振り返りコミュニケーション技法についての効果を考察する。

＊クレドとは施設の信条や行動指針のことを指す。

　実習指導者の利用者との関わり方を観察し，援助技法について考察する。実習生がそれらをもとに利用者と交流し，コミュニケーション技法を振り返る。

2．利用者やその関係者（家族・親族，友人等）との援助関係の形成

達成目標：クライエント等との援助関係を形成することができる。

　教育に含むべき事項2においては，サンライズ大泉で実践されている「ユニットケア」に関する考察を軸に実習を進める。担当する利用者を決め，援助関係形成のための情報収集を行う。

　日常生活における会話などで利用者との関係形成をしていき，情報整理をす

る。実習生としての関わりの目的と今後の関わりについて説明をし，利用者の同意を得る。

　ユニットケアと従来型のケアの方法の違いを理解し，それぞれのメリット，デメリットを考察する。

SW 実践の場の 理解に関する内容	SWr の 理解に関する内容	SW 実践の 理解に関する内容	SW 実践の 理解に関する内容（発展的）
1．ユニット入居者へ挨拶をし，関係構築に取り組む。 2．個人台帳の説明を受け，理解する。	1．担当する利用者を決める。 2．担当する利用者（以下，担当利用者）との援助関係形成に向けた利用者の概況などの説明を受ける。	1．担当利用者と可能な限り時間を設け，日常会話や体調確認，顔なじみの関係形成に努める。 2．担当利用者の介護サービス記録を確認し，情報の整理を行う。	1．自己紹介をして，実習の目的と今後の関わりについて担当利用者に説明し，実習協力及び情報取得利用者等の同意を得る。 2．面会がある場合にご家族へ挨拶を行う。

3．利用者や地域の状況を理解し，その生活上の課題（ニーズ）の把握，支援計画の作成と実施及び評価

達成目標：クライエント，グループ，地域住民等のアセスメントを実施し，ニーズを明確にすることができる。地域アセスメントを実施し，地域の課題や問題解決に向けた目標を設定することができる。各種計画の様式を使用して計画を作成・策定及び実施することができる。各種計画の実施をモニタリング及び評価することができる。

　教育に含むべき事項3においては，地域アセスメント，支援計画作成，実施が課題になる。

SW 実践の場の 理解に関する内容	SWr の 理解に関する内容	SW 実践の 理解に関する内容	SW 実践の 理解に関する内容（発展的）
1．施設見学とともに事業報告書より入居者の基本属性等を知る。 2．練馬区ホームページ等から区の福祉計画や事業所数等を調べる。 3．地域の社会資源を調べリストを作成し，2．で調べた内容とともに施設のある地域の特性や課題について説明を受ける。	1．担当利用者の入居申込みから現在までの支援課程の記録を閲覧し，その過程における実習指導者の関わりについてヒアリングする。 2．地域の社会資源と関連づけながら入所前の生活状況を考察する。 3．担当利用者から意向を聞き取り，課題を抽出する。	1．担当利用者のエコマップを作成し，取り巻く環境や関係性を理解してストレングスやニーズを把握する。 2．収集した情報を統合してアセスメントし，支援目標を立てて，個別支援計画を作成し，多職種へも理解を求める。 3．担当利用者・家族に支援計画を説明し，同意を得て支援計画を実施する。	1．支援計画に基づいた支援の実施後，担当利用者の意向に対して支援計画として立案した目標やサービス内容を振り返り考察する。 2．活用できる社会資源について考察する。

　練馬区ホームページ等から区の福祉計画や事業所などを調べ，地域資源のリストを作成する。地域の社会資源と関連づけながら，入所前の生活状況を考察。さらにエコマップを作成。取り巻く環境や関係性を理解してストレングスやニーズを把握する。

　その上で利用者・家族の同意を得て，支援計画作成，実施につなげる。支援計画に基づいた支援の実施後，担当利用者の意向に対して支援計画として立案した目標やサービス内容を振り返り考察する。

第3章　実習プログラミング

4．利用者やその関係者（家族・親族，友人等）への権利擁護活動とその評価

達成目標：クライエントの権利擁護及びエンパワメントを含む実践を行い，評価することができる。

　教育に含むべき事項4においては，「権利擁護とエンパワメント」というテーマで，実習を進める。

SW実践の場の 理解に関する内容	SWrの 理解に関する内容	SW実践の 理解に関する内容	SW実践の 理解に関する内容（発展的）
1. プライバシーや虐待防止について説明を受ける。 2. 施設が行っている情報公開について説明を受ける。 3. 成年後見制度，権利擁護事業について事例をもとに説明を受ける。 4. 関係機関・団体，ボランティアについてSWrから説明を受ける。	1. 施設内研修の資料を閲覧する。 2. 第三者評価について説明を受け，評価結果を福祉ナビゲーションで確認する。 3. 実例をもとに成年後見人との連絡調整や意思決定について説明を受ける。	1. プライバシー保護や虐待防止について施設内での取り組みの説明を受ける。 2. 実際に起きた場合の解決の仕組みについて指導者から説明を受ける。	1. 担当利用者の課題を施設の課題へ普遍化するための提案をして評価を受ける。 2. 施設における権利擁護のための仕組みについて考察して報告する。 3. 高齢者虐待防止・身体拘束適正化のための研修を計画し，実習指導者の評価を受ける。 4. 施設利用者の成年後見制度の活用についての課題を整理して，自分なりの提言をまとめ，実習指導者に報告する。

　プライバシーや虐待防止について職員から説明を受け，情報公開について理解する。事例をもとに成年後見制度，権利擁護事業について説明を受ける。さらに第三者評価について説明を受け，評価結果を福祉ナビゲーションで確認する。実例をもとに成年後見人との連絡調整や意思決定について説明を受ける。これらの学びを踏まえて施設における権利擁護のための仕組みについて考察する。また，高齢者虐待防止・身体拘束適正化のための研修を計画し，実習指導者の評価を受ける。

　以上をもとに，まとめとしては施設利用者の成年後見制度の活用についての課題を整理して，提言をまとめ，実習指導者に報告することである。

5．多職種連携及びチームアプローチの実践的理解

達成目標：実習施設・機関等の各職種の機能と役割を説明することができる。実習施設・機関等と関係する社会資源の機能と役割を説明することができる。地域住民，関係者，関係機関等と連携・協働することができる。各種会議を企画・運営することができる。

　5に関しては，多職種連携が実際にどのように機能しているのか，理解し，具体的に説明できるようになることが目標である。

SW 実践の場の 理解に関する内容	SWr の 理解に関する内容	SW 実践の 理解に関する内容	SW 実践の 理解に関する内容（発展的）
1. 施設ホームページや事業計画を用いて施設の職員の職種を調べ，各専門性の役割を知る。 2. 法人内の事業所について特色や役割，連携等についての説明を受ける。 3. 関係事業者や関係団体の機能，役割，私設との連携についての説明を受ける。	1. 委員会やボランティアについて説明を受ける。会議録やボランティア活動記録を閲覧する。 2. 法人内外の事業所や機関，多職種連携の場面について説明を受ける。施設内のSW の役割について考察する。	1. サービス担当者会議に同席して，各専門職の意見が統合され，目標設定や役割分担の合意形成がなされ施設サービス計画書へと成り立つ過程を観察し，多職種連携における SWr の役割について考察して実習記録に記す。 2. 施設内の委員会やカンファレンス，会議に参加する。 3. 病院との入退院調整や，居宅介護支援事業所等との電話連絡を観察する。	1. 在宅サービス利用者や家族にサービス利用が暮らしの継続にどのように役立っているかインタビューし，在宅サービスと入居施設が連携することの利点と課題を考察する。また，在宅サービスと施設サービスのケアプラン比較し，それぞれの場で暮らしの継続のための多職種連携のあり方を考察して実習記録に記す。 2. 退院の受け入れに際し，医療機関，家族等から得た情報を整理し，退院後のケアについて実習指導者とともにカンファレンスで多職種に説明する。 3. 施設の持つ機能を地域に活かす取り組みを企画し，実施に至るまでのプロセスとそこでの SWr の役割を考察して実習指導者に報告する。

施設ホームページや事業計画を用いて施設の職員の職種を調べ，各専門性の役割を知る委員会やボランティアについて説明を受ける。会議録やボランティア活動記録を閲覧する。

施設内のソーシャルワーカーの役割について考察するサービス担当者会議に同席して，各専門職の意見が統合され，目標設定や役割分担の合意形成がなされ施設サービス計画書へと成り立つ過程を観察し，多職種連携におけるソーシャルワーカーの役割について考察し，記録に記す。その上で利用者や家族にインタビューし，在宅サービスと入居施設が連携することの利点と課題を考察する。また，在宅サービスと施設サービスのケアプランを比較し，それぞれの場で暮らしの継続のための多職種連携のあり方を考察して実習記録に記す。

以上，資料の閲覧，会議への出席，説明を聞く，などの基礎的な学びから，インタビューの実施など具体的に多職種連携を学ぶ内容になっている。

6. 当該実習先が地域社会の中で果たす役割の理解及び具体的な地域社会への働きかけ

達成目標：地域社会における実習施設・機関等の役割を説明することができる。地域住民や団体，施設，機関等に働きかけることができる。

SW 実践の場の 理解に関する内容	SWr の 理解に関する内容	SW 実践の 理解に関する内容	SW 実践の 理解に関する内容（発展的）
1. 公益的取り組みの目的，活動内容について説明を受ける。 2. 地域社会における施設の役割について説明を受ける。	1. 公益的取り組みにおける関係機関との連携，協働について説明を受ける。 2. 地域の中で施設の役割について知る。	1. 公益的取り組み（サンライズすまいる等）や地域の集まりに参加し，参加者から生活上の困りごと，ニーズ等をヒアリングする。 2. 防災拠点型地域交流スペース「サンライズ・サーカス」の目的，日常の取り組み等の説明を受ける。	1. 公益的取り組みの実施や地域ニーズ等のヒアリングをして，新たな課題を整理し，地域共生社会の実現に向けた社会福祉士の機能と役割を考察して実習報告会で報告する。 2. サンライズ・サーカスを体験し，利用者の利用目的等を考察し役割を整理する。

　社会福祉法人による地域の公益的取り組みに関する学びとなる。サンライズ大泉では，「サンライズ・サーカス」という地域交流スペースの運営をしている。これは防災拠点型地域交流スペースである。これは練馬区西大泉の地域の方から「近所に散歩がてらお茶するカフェがあったらいいな」「子どもたちが安心して過ごせる場所が欲しいね」「いつまでも元気に暮らせる健康づくりがしたいな」という声を聴き，実現させたものである。

　大人から子どもまで楽しめるスペースが用意され，災害時には，福祉避難所として認知症高齢者や障がい者などの利用する避難所としても活用される。

　実習生はこのサンライズ・サーカスとともに，公益的取り組み（サンライズすまいる等）や地域の集まりに参加し，参加者から生活上の困りごと，ニーズ等をヒアリングする。防災拠点型地域交流スペース「サンライズ・サーカス」の目的，日常の取り組み等の説明を受ける参加して，実際の福祉施設の地域貢献事例を考察することになる。

7. 地域における分野横断的・業種横断的な関係形成と社会資源の活用・調整・開発に関する理解

達成目標：地域における分野横断的・業種横断的な社会資源について説明し，問題解決への活用や新たな開発を検討することができる。

SW 実践の場の 理解に関する内容	SWr の 理解に関する内容	SW 実践の 理解に関する内容	SW 実践の 理解に関する内容（発展的）
1. 法人ネット，法人連携研修等の記録を閲覧する。 2. 練馬区介護予防事業街かどケアカフェ「サンライズすまいる」について説明を受ける。	1. FACT，大泉ネットの取り組みについて説明を受ける。 2. 施設が区と協定を結んでいる街かどケアカフェ「サンライズすまいる」に参加し，参加者とコミュニケーションをとる。	1. 地域連携による取り組みの効果と改善点についてインタビューする。 2. 事業に参加することで目的や課題を整理する。	1. 地域の公益的取り組みについて整理し実習指導者に報告する。

　実習生はサンライズ・サーカスとともに，練馬区介護予防事業街かどケアカフェ「サンライズすまいる」について説明を受け，参加して，実際の福祉施設の地域貢献事例を考察することになる。

8. 施設・事業者・機関・団体等の経営やサービスの管理運営の実際（チームマネジメントや人材管理の理解を含む）

達成目標：実習施設・機関等の経営理念や戦略を分析に基づいて説明することができる。実習施設・機関等の法的根拠，財政，運営方法等を説明することができる。

　8では，施設長や管理者から法人理念や行動指針についての話を聞く。また，職員の研修制度についての理解を進める。介護保険制度の報酬と稼働率についての関係性の理解を進め，施設経営で必要な視点やマネジメントが理解できるようになることが重要である。さらに，経営理念を実践上実現していくための取り組みについて，検討し，提案する。

SW 実践の場の 理解に関する内容	SWr の 理解に関する内容	SW 実践の 理解に関する内容	SW 実践の 理解に関する内容（発展的）
1. 事業計画書を用いて法人理念，行動指針の説明を受ける。 2. 介護保険法，特養運営基準，介護報酬について説明を受ける。	1. 事業所の運営における意思決定の仕組みについて説明を受ける。 2. 稼働率や加算について，サービスの質と利用者の生活の質の関連性，稼働率向上や加算取得に向けた SWr の働きかけについて説明を受ける。	1. 各委員会等に参加し委員会の取り組みがどのように経営やサービスにつながっているか説明を受ける。 2. 稼働率向上や加算取得の取り組みに期待する効果や課題について指導者にヒヤリングする。	1. 委員会の取り組みを，法人理念，組織図，事業計画，決算書と関連づけて考察し，疑問点等を実習指導者に質問し，理解した内容を実習記録に記す。 2. 加算取得の取り組みが利用者の生活の質向上に具体的にどのような効果をもつか考察して実習指導者に報告する。

　法人理念や行動指針のみならず，稼働率や加算について，サービスの質と利用者の生活の質の関連性，稼働率向上や加算取得に向けたソーシャルワーカーの働きかけについて説明を受け，理解する。さらに各委員会等に参加し委員会の取り組みがどのように経営やサービスにつながっているか説明を受ける。稼働率向上や加算取得の取り組みに期待する効果や課題について指導者にヒヤリングし，まとめる。

9. 社会福祉士としての職業倫理と組織の一員としての役割と責任の理解

達成目標：実習施設・機関等における社会福祉士の倫理に基づいた実践及びジレンマの解決を適切に行うことができる。実習施設・機関等の規則等について説明することができる。

　9においては，倫理的ジレンマについて，施設のケアのどのような場面でジレンマが生じているのか，実習指導者の助言をもとに考察する。

SW 実践の場の 理解に関する内容	SWr の 理解に関する内容	SW 実践の 理解に関する内容	SW 実践の 理解に関する内容（発展的）
1. クレドと倫理要綱を読み，社会福祉士として必要な倫理観について説明を受ける。 2. 法人の就業規定について説明を受ける。	1. 施設内で行った研修資料を用い，施設での生活に照らし合わせてなぜ倫理観が必要なのか理解する。 2. 施設の規則や，職員への伝達方法について説明を受ける。	1. 事例をもとに実習指導者のジレンマや決断のプロセス，判断に至った理由などの説明を受ける。利用者の生活場面の中でジレンマと感じることを挙げ，規則と実態について整理する。 2. 運営規定・重要事項閲覧し，利用者・組織・職員それぞれに対する利点・欠点を考察して実習指導者に報告する。	1. ジレンマ解消のための解決策を検討し，その利点，欠点を整理して実習指導者に報告する。 2. 働きやすい職場環境構築の取り組みを評価し，課題を整理するとともに SWr の役割について考察して，実習指導者に報告する。

　クレドと倫理要綱を読み，社会福祉士として必要な倫理観について説明を受ける。事例をもとに実習指導者のジレンマや決断のプロセス，判断に至った理由などの説明を受け，理解する。さらにジレンマ解消のための解決策を検討し，その利点，欠点を整理して実習指導者に報告する。

10. アウトリーチ・ネットワーキング・コーディネーション・ネゴシエーション・ファシリテーション・プレゼンテーション・ソーシャルアクションについて目的，方法，留意点について説明することができる

　1 から 9 までの学びを通じて，それぞれの援助技法の理解，実際に活用して，振り返るなどの取り組みを行う。

Ⅱ．学生の事前学習内容
　学生の事前学習については，次のとおりである。
・マイクロカウンセリングの技法，バイスティックの 7 原則を確認する。教育に含むべき事項→1，2，3，4，9
・施設ホームページ等を閲覧し，施設概要，利用者状況，専門職等職員の状況を調べる。施設ホームページから委員会等の取り組みを確認する。教育に含むべき事項→1，2，3，5
・施設のある地域の特徴を調べる。施設ホームページ等を閲覧し，利用者状況，専門職等職員の状況や取り組みの概要を調べる。地域の医療・介護等の施設・事業・機関を調べる。教育に含むべき事項→3，4，6，7
・地域福祉計画，介護保険事業計画等を閲覧し，地域課題，自治体の取り組みや方向性を調べる。→教育に含むべき事項6，7
・介護老人福祉施設指定基準を確認する。介護老人福祉施設指定基準に掲載されている計画書を確認する。ユニットケアの理念等について調べる。教育に含むべき事項→1，2，4，5，8
・成年後見制度について調べる。教育に含むべき事項→4，9
・施設ホームページを閲覧し，法人の運営する事業，拠点におけるサービスを

確認する。福祉・教育に含むべき事項→教育に含むべき事項 6, 7
・社会福祉士の倫理綱領・行動規範を自分の言葉で表現できるよう整理する。施設ホームページから運営規程・重要事項説明書，職場環境改善等の取り組みを確認する。教育に含むべき事項→1, 8, 9
・アウトリーチ・ネットワーキング・コーディネーション・ネゴシエーション・ファシリテーション・プレゼンテーションを理解し，説明できる。教育に含むべき事項→1, 2, 3, 4, 5, 6, 7, 8, 9, 10

Ⅲ. 考　　察

　Ⅰで，基本実習プログラムに関して，サンライズ大泉の事例をもとに考察した。サンライズ大泉は，①ユニットケアの実践，②社会福祉法人による地域における公益的な取り組みについて積極的に実践している施設である。サンライズ・サーカスなどの地域交流スペースの積極的活用など，豊富な特色のある取り組みがある。これらを通して，地域社会における特別養護老人ホームのソーシャルワーカーの役割，機関の役割や機能，経営の実際，さらに多職種連携や，地域におけるネットワークなどソーシャルワーク実践を段階的に，また総合的な学びができるようにしていく。個別実習プログラムでは，1週目から4～5週目にかけて，学んでいくことになる。

【社会福祉法人浴風会　養護老人ホーム浴風園】

Ⅰ. 基本実習プログラムの事例

　本項では，東京都杉並区にある養護老人ホーム浴風園を事例とし，養護老人ホームにおける新カリキュラムの実習プログラミングをみていく。浴風園においては，特別養護老人ホームの基本実習プログラムの例示をもとに養護老人ホームの基本実習プログラムを作成した。

　浴風園の運営母体である社会福祉法人浴風会は，浴風園のほか，法人内に3ヵ所の特別養護老人ホーム，ケアハウス，軽費老人ホームA型，在宅サービスセンター，居宅介護支援事業所，グループホーム，ヘルパーステーション，地域包括支援センター，病院，老人保健施設，認知症介護研究・研修センターを持ち総合的に事業を展開する社会福祉法人である。

　以下，教育に含むべき事項1から10までを参考に具体的な実習内容に関してみていく。

1. 利用者やその関係者（家族・親族，友人等），施設・事業者・機関・団体，住民やボランティア等との基本的なコミュニケーションや円滑な人間関係の形成

達成目標：クライエント等と人間関係を形成するための基本的なコミュニケーションをとることができる。

SW 実践の場の 理解に関する内容	SWr の 理解に関する内容	SW 実践の 理解に関する内容	SW 実践の 理解に関する内容（発展的）
1. 事前学習から考察した施設利用者の状況と関わりにおける留意点を整理して実習生より報告をうける。 2. 施設が地域に向けて理解促進のためにどのような情報をどのように発信しているか等の説明を受ける。 3. 施設が行政機関とどのように関わっているか等の説明を受ける。	1. SWr と利用者との関わりの場面を観察し，SWr がどのような技法を使い，またどのような場面でその技法が有効であるか考察して実習記録に記す。 2. 施設の利用者や家族からの相談場面，待機者面接や多職種または関係機関との会議等に同席し，SW の場面に応じた態度や姿勢，コミュニケーション技法を観察し，実習記録に記す。 3. 行政機関との関わりを考察し，実習記録に記す。	1. 利用者と交流し，日常場面での会話を体験する。 2. 関係機関，地域住民との関わりの場面に同行し，場面に応じた態度，姿勢，言語・非言語のコミュニケーションをとる。 3. 各場面の経過を整理して記録（会議録，逐語録，面接記録等）し，実習指導者に報告する。	1. 傾聴技法を意識した利用者とのコミュニケーション場面を振り返って，自身の使った技法の意味と効果を考察して実習指導者に報告する。 2. 同行した面接を再現して，潜在ニーズを意識した関わりを体験し，使われたコミュニケーション技法とその効果について考察して実習記録に記す。 3. 地域の公益的取り組み等，施設の行う事業について，公式サイト，法人の管理するホームページを考察する。

　教育に含むべき事項1においては，特に行政機関との関係について学ぶことを重視した。浴風園は養護老人ホームであり，利用者は「措置」により入所する。したがって，利用者だけではなく，措置を行う行政機関との密接な関係づくり，連絡調整，役割分担などについて理解することが必要である。どのような場面で行政機関と連絡をとっていくのか，その内容や手法について，具体的な実践方法を学ぶ。

　また，法人自体が非常に大きく実施事業も多岐にわたるため，その全体像を理解するために法人全体のホームページがわかりやすいかどうか考察することも発展的理解の項目に加えている。

2. 利用者やその関係者（家族・親族，友人等）との援助関係の形成

達成目標：クライエント等との援助関係を形成することができる。

　教育に含むべき事項2においては，利用者との援助関係が形成できているのかどうか，記録を通して内省することとした。なお，利用者との関係形成にあたり，養護老人ホームの入所者の特性について理解することを事前学習に追加している。

SW 実践の場の 理解に関する内容	SWr の 理解に関する内容	SW 実践の 理解に関する内容	SW 実践の 理解に関する内容（発展的）
1. 施設利用者の特性と関わりに関する留意すべき点について実習指導者から説明を受ける。	1 担当する利用者（以下，担当利用者）との援助関係形成に向けた利用者の概況などの説明を受ける。 2. 利用者の生活場面における実習指導者の関わりに同行して観察し，マイクロカウンセリングの技法に基づく言動を実習記録に記す。	1. 担当利用者と日常生活場面において多様な話題で会話し，安心感のある関係について理解し，記録する。	1. 自己紹介をして，実習の目的と今後の関わりについて担当利用者に説明し，実習協力及び情報取得利用者等の同意を得る。

3. 利用者や地域の状況を理解し，その生活上の課題（ニーズ）の把握，支援計画の作成と実施及び評価

達成目標：クライエント，グループ，地域住民等のアセスメントを実施し，ニーズを明確にすることができる。地域アセスメントを実施し，地域の課題や問題解決に向けた目標を設定することができる。各種計画の様式を使用して計画を作成・策定及び実施することができる。各種計画の実施をモニタリングおよび評価することができる。

　養護老人ホームの入所者は杉並区在住とは限らず，都内全域にわたる。したがって，教育に含むべき事項3においては，利用者の支援計画の作成を行うとともに，「地域」を東京都内と考え，東京都内の養護老人ホームの現状を理解し，今後の養護老人ホームに期待されていることと，そこにおけるソーシャルワーカーの役割を考察することも実習内容に加えている。

SW 実践の場の 理解に関する内容	SWr の 理解に関する内容	SW 実践の 理解に関する内容	SW 実践の 理解に関する内容（発展的）
1. 施設で使用する各種書式や面接記録を閲覧し，記入方法や収集すべき情報の概要について説明を受ける。 2. 各種計画書を閲覧して，利用者のニーズ把握，モニタリング，計画変更時期，多職種協働の仕組み等について各専門職から説明を受ける。 3. 都内の養護老人ホームの状況について説明を受ける。	1. 担当利用者の入居申込みから現在までの支援課程の記録を閲覧し，その過程における実習指導者の関わりについてヒアリングする。 2. 養護老人ホームの今後に向けた取り組みを行う意義とSWrの役割について説明を受けて，要点をまとめ，考察を加えて実習記録に記す。	1. 担当利用者のケース記録，生活場面への同行から収集した客観的・主観的情報を，バイオ・サイコ・ソーシャル要因に分類して分析する。 2. 担当利用者のエコマップを作成し，取り巻く環境や関係性を理解してストレングスやニーズを把握する。 3. 収集した情報を統合してアセスメントし，支援目標を立てて，個別支援計画を作成し，模擬サービス担当者会議で評価を受け，実施協力を依頼する。 4. 担当利用者・家族に支援計画を説明し，同意を得て支援計画を実施する。	1. 支援計画に基づいた支援の実施後，傾聴スキルを意識した利用者との会話のなかから本人の思いを考察し，支援目標と支援計画について自ら評価し，実習指導者に報告する。 2. 個別支援サービス計画実践の振り返りからSWrの業務，機能，必要な専門性を考察して発表する（実習報告会）。

4. 利用者やその関係者（家族・親族，友人等）への権利擁護活動とその評価

達成目標：クライエントの権利擁護及びエンパワメントを含む実践を行い，評価することができる。

第3章　実習プログラミング

　教育に含むべき事項4においては，社会的，経済的理由からの入所という養護老人ホームの特性を踏まえ，虐待を受けて入所となった事例から学ぶこととした。入所に至るまでの利用者の背景や虐待要因，施設における支援の状況，成年後見人の必要性や実際の連携を記録や実際の支援から学び，記録を通して言語化することで，権利擁護への理解を進める実習内容としている。

SW実践の場の理解に関する内容	SWrの理解に関する内容	SW実践の理解に関する内容	SW実践の理解に関する内容（発展的）
1. 利用者の尊厳を守ることが施設生活のなかで具体的にどのような事柄に意識を向けているか説明を受ける（生活習慣，価値観，信条等の尊重）。 2. 苦情解決システム，第三者評価等の概要や位置づけについて説明を受ける。 3. 施設の運営基準における高齢者虐待防止・身体拘束適正化の仕組みと施設における取り組みについて説明を受ける。 4. 成年後見制度の概要と活用事例について説明を受ける。	1. SWrのエンパワメントの視点に基づく実践事例から，自己決定のプロセス及び施設での生活における利用者の権利擁護の実際の説明を受ける。 2. 苦情解決，リスクマネジメント等について，実際の事例を用いて解決までの援助展開からSWrの果たすべき役割について考察して実習記録に記す。 3. 成年後見制度の活用事例におけるSWrの関わりについて説明を受け，SWrの果たすべき役割について考察して実習記録に記す。	1. 担当利用者の生活習慣，価値観，信条等を把握し，施設生活で尊重されているか考察し，その達成度や課題を整理して実習指導者に報告する。 2. 虐待事例などを通し，その背景や要因，施設の取り組みを理解し，実習指導者に記録等で報告する。 3. 事例を通し，後見人等の役割を理解し，実習指導者に記録等で報告する。	1. 担当利用者の課題を施設の課題へ普遍化するための提案をして評価を受ける。 2. 施設における権利擁護のための仕組みについて考察して報告する。 3. 高齢者虐待防止・身体拘束適正化のための研修を計画し，実習指導者の評価を受ける。 4. 施設利用者の成年後見制度の活用についての課題を整理して，自分なりの提言をまとめ，実習指導者に報告する。

5．多職種連携及びチームアプローチの実践的理解

達成目標：実習施設・機関等の各職種の機能と役割を説明することができる。実習施設・機関等と関係する社会資源の機能と役割を説明することができる。地域住民，関係者，関係機関等と連携・協働することができる。各種会議を企画・運営することができる。

　教育に含むべき事項5については，まず，多様な事業を実施している法人全体の事業を理解することとした。また，浴風園は外部サービス利用型の養護老人ホームであるため，浴風園だけでなく，介護支援専門員をはじめとした多くの外部機関が利用者をチームで支えていることも，会議参加や記録閲覧を通して学ぶこととした。また，措置元である行政機関との関係形成と連携についても実習内容に加えている。

SW 実践の場の 理解に関する内容	SWr の 理解に関する内容	SW 実践の 理解に関する内容	SW 実践の 理解に関する内容（発展的）
1. 法人の組織図などを参照して，運営する施設・事業所について，その特色や期待する役割，相互の連携など交えて実習指導者から説明を受ける。 2. 併設事業所，実習施設内の各職種の機能と役割について各担当者より説明を受ける。 3. 実習施設に関係する機関，団体等の機能と役割，連携について，実施に使われている様式等を用いて実習指導者から説明を受ける。 4. 関係機関・団体，ボランティアについて SW から説明を受ける。	1. 法人内外の事業所や機関，多職種の連携・調整に係る SWr の役割や業務について の実習指導者から説明を受ける。また，各専門職等に SWr との関わりや役割分担等についてヒアリングし，施設内外の多職種協働における SWr の果たすべき役割について考察して実習記録に記す。 2. 施設利用者が他施設へ入居したケースや入退院支援において施設内外の専門職との関わりについて説明を受け，連携の意味や課題について考察して実習記録に記す。	1. サービス担当者会議に同席して，各専門職の意見が統合され，目標設定や役割分担の合意形成がなされ施設サービス計画書へと成り立つ課程を観察し，多職種連携における SWr の役割について考察して実習記録に記す。 2. 在宅サービスのサービス担当者会議に同席あるいは記録を閲覧し，複数の機関・事業所における多職種・他事業所の連携・協働の過程を観察し，SWr に期待される役割を考察して実習記録に記す。 3. 地域資源マップを作成して多様な機関・団体等との関わり，効果について考察するとともに，地域に活かすことができる施設の機能をピックアップし，期待される効果とその理由を実習指導者に報告するケアカンファレンスの効果に関して，実習指導者に報告する。	1. 在宅サービス利用者にサービス利用が暮らしの継続にどのように役立っているかインタビューし，在宅サービスと入居施設が連携することの利点と課題を考察する。また，在宅サービスのケアプランと個別支援サービス計画を比較し，それぞれの場で暮らしの継続のための多職種連携のあり方を考察して実習記録に記す。 2. 退院の受け入れに際し，医療機関，措置元，家族等から得た情報を整理し，退院後の生活について実習指導者とともにカンファレンスで多職種と考察する。 3. 施設の持つ機能を地域に活かす取り組みを企画し，実施に至るまでのプロセスとそこでの SW の役割を考察して実習指導者に報告する。

6．当該実習先が地域社会の中で果たす役割の理解及び具体的な地域社会への働きかけ

達成目標：地域社会における実習施設・機関等の役割を説明することができる。地域住民や団体，施設，機関等に働きかけることができる。

　教育に含むべき事項 6 については，浴風園としての活動だけではなく，社会福祉法人浴風会が策定した地域貢献活動計画を把握し，法人全体で行っている地域貢献活動について，その必要性や実践方法について，実施事例を通じて理解を進めていく。

SW 実践の場の 理解に関する内容	SWr の 理解に関する内容	SW 実践の 理解に関する内容	SW 実践の 理解に関する内容（発展的）
1. 事業報告書を用いて地域社会における施設の役割について実習指導者より説明を受ける。 2. 公益的取り組みの目的や活動内容について実習指導者より説明を受ける。	1. 地域共生社会の実現に向けた社会福祉士の機能・役割について，実習指導者の思いとその実現のために行っている事柄について説明を受ける。 2. 公益的取り組みの実施のきっかけと経緯，支援プロセスについて実習指導者から説明を受け，SWr が行う他機関や地域住民等への働きかけを観察し，SWr の役割を考察して実習記録に記す。	1. 社会福祉法人に地域の公益的取り組みが求められる背景と期待される役割について考察し，実習指導者に報告する。 2. 公益的取り組みや地域の集まりに参加し，参加者から生活上の困りごと，ニーズ等をヒアリングする。 3. 課題解決に向け，実習指導者と一緒に他機関や地域住民と実施中の取り組みの見直しや新たな取り組みについて企画する。	1. 事例を通し，公益的取り組みの実施や地域ニーズ等について，新たな課題を整理し，地域共生社会の実現に向けた社会福祉士の機能と役割を考察して実習報告会で報告する。

7. 地域における分野横断的・業種横断的な関係形成と社会資源の活用・調整・開発に関する理解

達成目標：地域における分野横断的・業種横断的な社会資源について説明し，問題解決への活用や新たな開発を検討することができる。

　教育に含むべき事項 7 においては，法人内および地域との連携について，具体的な実践を通して学ぶこととした。

SW 実践の場の 理解に関する内容	SWr の 理解に関する内容	SW 実践の 理解に関する内容	SW 実践の 理解に関する内容（発展的）
1．施設の関係機関・団体，ボランティア，また，施設の主催する業務運営会議について実習指導者から説明を受ける。 2．他施設との連携事例（研修会・イベント等）とその成果について実習指導者から説明を受ける。	1．関係機関・団体，ボランティアとの公益的取り組みの実施に向けた打ち合わせに同席し，実習指導者も役割について考察して実習記録に記す。 2．他施設と連携した事業の打ち合わせ・会議に同席し，実習指導者が担う役割について観察し，実習記録に記す。	1．関係機関・団体の職員，地域の協力者・ボランティアに施設と連携して行う公益的取り組みの効果と改善点についてインタビューする。 2．会議等に同席し，地域課題の解決に向けた取り組みにつながるプロセスを観察し，求められたら意見を述べる。	1．地域の公益的取り組みについて発信する情報の原稿を作成し，発信する対象，方法について実習指導者に提案する。

8. 施設・事業者・機関・団体等の経営やサービスの管理運営の実際（チームマネジメントや人材管理の理解を含む）

達成目標：実習施設・機関等の経営理念や戦略を分析に基づいて説明することができる。実習施設・機関等の法的根拠，財政，運営方法等を説明することができる。

　教育に含むべき事項 8 については，老人福祉法の理念や措置費の仕組みの理解が不可欠であるため，これらを SW 実践の場の理解に組み込んだ。また養護老人ホームは老人福祉法下の運営であり，また措置制度では利用者を自ら獲得することはできないが，入所率を上げ，措置費をもらうことが経営安定や利用者の質の向上につながることを考察できるようにした。さらに，社会福祉法人浴風会の経営理念が浴風園にどのように浸透しているのかを，事業計画書や委員会を通じて学習を進めていく。

SW 実践の場の 理解に関する内容	SWr の 理解に関する内容	SW 実践の 理解に関する内容	SW 実践の 理解に関する内容（発展的）
1．事業報告書に沿って実習施設の理念や意義，BCP（感染症・災害）等を含む施設の取り組みや理事会・評議院会など組織の意思決定を行う組織体について実習指導者より説明を受ける。 2．老人福祉法の理念，施設の法的根拠，運営基準，措置費の仕組みについて実習指導者より説明を受ける。	1．実習指導者から経営理念，経営戦略や組織における意思決定の仕組み（理事会等）について，実習指導者の業務との関連性を交えて説明を受ける。 2．施設長から社会福祉士が施設の管理者の資格として明記されている意義・期待について説明を受ける。	1．委員会に参加して，具体的な取り組みについて法人理念，事業計画と関連づけながら合意形成の過程を観察し，求められたら意見を述べる。 2．SWr になぜ根拠法令，指定基準，財務等の理解が必要なのか自分の考えを述べ，実習指導者から指導を受ける。	1．委員会の取り組みを，法人理念，組織図，事業計画，決算書と関連づけて考察し，疑問点等を実習指導者に質問し，理解した内容を実習記録に記す。 2．措置費取得の取り組みが利用者の生活の質向上に具体的にどのような効果をもつか考察して実習指導者に報告する。

| | 3. 経営戦略に基づく各委員会の取り組みとその取り組みが利用者の生活や職員のモチベーション維持に与える影響について説明を受ける。
4. 措置費とサービスの質と利用者の生活の質向上の取り組みの関連性，SWrの働きかけについて説明を受ける。 | 3. 措置費に期待する効果や課題について考察する。 | |

9. 社会福祉士としての職業倫理と組織の一員としての役割と責任の理解

達成目標：実習施設・機関等における社会福祉士の倫理に基づいた実践及びジレンマの解決を適切に行うことができる。実習施設・機関等の規則等について説明することができる。

　教育に含むべき事項9においては，どのような場面でジレンマが生じているのかについて考察し，実習指導者に指導をもらうこととした。また，法人全体で取り組んでいる「働きやすい環境づくり」について理解し，今後社会福祉士としてどのように実践に取り組むべきかを考えることも加えた。

SW 実践の場の 理解に関する内容	SWr の 理解に関する内容	SW 実践の 理解に関する内容	SW 実践の 理解に関する内容（発展的）
1. 社会福祉士の倫理綱領及び行動規範をともに確認しながら，実習施設が社会福祉士の倫理に基づいた実践を行う場であることの説明をする。 2. 法人の就業規則について働き方改革等関連法令との関連性を交えて実習指導者より説明を受ける。	1. 倫理綱領・行動規範に照らした具体的実践事例から，実習指導者のジレンマや決断の決め手，その根拠等の説明を受け，理解した内容を実習記録に記す。 2. 施設にある規則等の体系，概要について説明を受ける。 3. 就業規則について，法人理念・倫理や職員の働きやすさ等の関係性を踏まえて実習指導者から説明を受ける。	1. 利用者の生活場面に潜むジレンマの種になる状況を探した上で，実習指導者に理由を添えて報告する。 2. 経営規定を閲覧し，利用者・組織・職員それぞれに対する利点・欠点を考察して実習指導者に報告する。	1. 気づいたジレンマ解消のための解決策を検討し，その利点，欠点を整理して実習指導者に報告する。 2. 働きやすい職場環境構築の取り組みについて理解し，実習指導者に記録等で報告する。

10. 以下の技術について目的，方法，留意点について説明することができる

達成目標：用語の意義，目的，機能，方法について調べる。

　教育に含むべき事項10については，養護老人ホームのおかれている状況を踏まえ，特に小項目7「ソーシャルアクション」について，重点を置くこととした。東京都社会福祉協議会高齢者福祉施設協議会養護分科会が，養護老人ホームの機能や必要性を社会に発信している取り組みを理解し，今までの学習をもとに，自分なりに養護老人ホームの今後について考察できることを目標としている。

SW 実践の場の 理解に関する内容	SWr の 理解に関する内容	SW 実践の 理解に関する内容	SW 実践の 理解に関する内容（発展的）
1. 東京都社会福祉協議会分科会等の取り組みからソーシャルアクション，連携している機関，団体等について実習指導者より説明を受ける。	1. 公益的事業等の事例を用いて，SWr の役割，機能，展開過程について実習指導者より説明を受ける。	1. 他機関職員，団体，地域住民等との意見交換の場に同席し，地域課題や必要な取り組みについて整理し，記録する。	1. 養護老人ホームのあり方について，自分なりの意見をまとめて発表することができる。

Ⅱ．学生の事前学習内容

学生の事前学習について，特に重要視した点は次のとおりである。

1. 措置制度の理解　措置の仕組み，措置費について理解する→教育に含むべき事項1，3，5，8，10
2. 老人福祉法について調べる→教育に含むべき事項1，2，3
3. 東京都内の養護老人ホームの状況について調べる→教育に含むべき事項2，10
4. 養護老人ホーム利用者の特性を理解する→入所理由について調べる→教育に含むべき事項2
5. 高齢者虐待について調べる→教育に含むべき事項4

Ⅲ．考　　察

養護老人ホームにおける基本実習プログラムについて，社会福祉法人浴風会浴風園の事例をみてきた。養護老人ホームでの実習に際しては，養護老人ホームが措置による入所であることから，措置制度，措置費について理解ができていなければならない。そして，関係機関との連携を図る際，措置元等行政機関との関係についても特に留意する必要がある。

また養護老人ホームには，複雑な背景を持つ利用者が多いことから，高齢者虐待や社会状況について調べ，利用者の特性や背景を洞察することも求められる。

そして，社会に養護老人ホームの機能や役割，その重要性を訴えることも必要となるため，ソーシャルアクションに関する事項も教育に含むべき事項10で盛り込むこととした。

このように，養護老人ホームにおける実習においては，老人福祉法及び措置制度の理解を行ったうえで，複雑な背景をもった利用者支援の実践方法，多機関・多職種連携の学びを進めていくことが必要と考えられる。

プロムナード 3

社会福祉法人浴風会養護老人ホーム浴風園管理課長　近藤修

　浴風園は養護老人ホームという措置施設である。大正14年に財団法人浴風会として設立し，昭和2年に事業を開始した。現在の定員は205名，施設ならではの様々な制約があるが，利用者はプライバシーが確保された個室で生活を送っている。利用者は入園前に社会的，金銭的，心理的，身体的トラブルを複数抱えていることが多い。また，家族関係が皆無や希薄であったり，家族がいても関係性が劣悪，もしくは虐待を受けて頼ることができず，孤立状態となる方もいる。本人や親族の申し出，近隣からの通報等，在宅生活がほころび始めた時に行政の様々な支援を受け入園に至るケースが多い。

　「養護老人ホームとはどのような施設だと思いますか」と実習前の事前説明で学生から必ず聞くようにしている。多くの学生は特別養護老人ホームをイメージしているため，養護老人ホームの特性をこちらから十分に説明している。また実習生自身も事前学習をしていないと，実習を開始してから施設種別のギャップに戸惑うこととなる。具体的には実習開始までに特養，養護，老健，有料，病院等施設種別の違いを予習してくるように伝えている。この辺りの施設種別の違いを理解していれば，実習に入ってから実習担当者からの話がスムーズに入ってくるだろう。また，何をメインに実習に取り組みたいかということも確認することで，実習に対する本人の取り組み方やモチベーションの再認識につなげている。

　実際の実習開始に当たり，多くの実習生は施設の規模と，利用者の想像以上に元気な雰囲気に圧倒されている。実習担当者は業務に追われる中でも丁寧な説明を心掛け，振り返りを実習生とともに日々行い，疑問点や悩みの解消につなげている。また，ケアワーカー，看護師，栄養士，事務請求等多職種がチームで動いているため，それぞれの動きがわかるよう，各職域から説明の場を設けている。

　実習のカリキュラムには多くのプログラムがある。それぞれの実習生の適性を見ながら施設や実習担当者の予定を考慮し，プログラムの調整を行っている。日程的にも施設的にも全てのプログラムはカバーできないが，なるべく多くの事を見て学びの機会を持てるように取り組んでいる。措置元の定期面接，相談員による本人面談，入園前の見学と面接，サービス担当者会議，病院受診，職員研修等多種多様なイベントが日常的にあり，相談員はその都度調整し関係者の了承を得た上で実習生の参加につなげている。また，電話や面談での場面，職員との会話，様々な会議等での相談員のコミュニケーションはネゴシエーションやプレゼンテーション等のスキルが日常的に使われている。難しいのは承知であるが，何気ない会話でもコミュニケーション術の意味を知ったうえで聞いてほしい。さらに，実習の途中で実習校への帰校日や，先生方の巡回指導がある。施設としては普段できない実習生へのサポートであり，非常に助かっている。実習生も施設に直接言いにくい事であっても学校や先生を通して話せるため，良いシステムといえるだろう。

　実習最終日，実習生自身では気づいていないが，どこかほっとした，やりきった雰囲気が伝わってくる。不安や緊張で迎えた初日も，最後は満足した実習であったと想像に難くない。カリキュラムに沿った実習を学ぶと同時に，利用者や職員，個々の人物像や関係性をよく観察し，何かしらつかんでほしいものである。

第3章　実習プログラミング

【障　　害】
【社会福祉法人　けやきの郷初雁の家】

Ⅰ．基本実習プログラムの事例

　社会福祉法人けやきの郷初雁の家（埼玉県川越市）は，知的障害や自閉スペクトラム症のある子どもをもつ親が発起人となり，1985年に設立された施設である。障害者支援施設，就労継続支援B型事業，生活介護事業，グループホーム，発達障害者支援センター，指定特定相談支援事業，生活サポート事業，短期入所事業があり事業展開されている。また，法人理念「働くことを療育の中心に据え，どんなに障害が重くても，地域社会の中で自立を目指す」ことを掲げ施設運営が行われている。

　以下，けやきの郷で作成された基本実習プログラムをもとに，障害者支援施設等における，新カリキュラムの実習プログラミングをみていく。

※以下の表では，横軸にくる構成要素の「ソーシャルワーク実践の場の理解」を“場”，「ソーシャルワーカーの理解」を“SWr”，「ソーシャルワーク実践の理解」を“実”，「ソーシャルワーク実践の理解（発展的）」を“発”という略称を用いる。

1．利用者やその関係者（家族・親族，友人等），施設・事業者・機関・団体，住民やボランティア等との基本的なコミュニケーションや円滑な人間関係の形成

SW実践の場の 理解に関する内容	SWrの 理解に関する内容	SW実践の 理解に関する内容	SW実践の 理解に関する内容（発展的）
1. 社会福祉法人けやきの郷の設立の背景や，どのような人たちが利用しているのか，説明を受ける。 2. 社会福祉法人けやきの郷が行っている事業について説明を受ける。 3. 利用者の生活の場等において，利用者とコミュニケーションをとり，利用者の生活について理解を深める。 4. 利用者が行う作業の内容や作業の手順について説明を受けるとともに，職員の利用者との関わり方を観察し，実習記録にまとめる。	1. 職員が利用者と会話しコミュニケーションをとっている様子を観察する。 2. 職員が利用者とどのような非言語コミュニケーションを用いて関わっているのか観察する。 3. 職員がどのような作業準備を行っているのか説明を受ける。また，作業準備や手順の説明の際に気を付けていることについて説明を受ける。	1. 職員，利用者に自己紹介をする。 2. 施設職員，関係機関，ボランティア，地域住民等に自ら挨拶し，自己紹介をする。 3. 利用者とのコミュニケーションについて説明を受ける。また，説明もとに利用者への質問を考える。また，実際に自ら質問を行い，会話内容や会話の際に配慮した点について実習記録にまとめる。そして，まとめをもとに実習指導者から指導を受ける。 4. SWr 3 を実施後，利用者と一緒に活動に取り組む。 5. SW 4 を実施後，利用者に作業活動手順を説明する。 6. ミーティング等で，その日の利用者の様子を職員に報告する。	1. 利用者の家族との面接に同席し，利用者と家族，SWrの面接時の様子を観察し，実習記録にまとめる。また，そのまとめをもとに実習指導者から指導を受ける。 2. 利用者の発言・行動の意図をくみ取り，気持ちを想像しながらコミュニケーションをとる。実習，記録にまとめる。また，そのまとめをもとに実習指導者から指導を受ける。

　教育に含むべき事項1を達成するために，利用者と職員（ソーシャルワーカー）の関わり方を観察し，実習指導者から利用者とのコミュニケーションについて

89

説明を受ける。この実習内容により，SW 実践におけるコミュニケーション方法を学び，どのように利用者と関係性を構築しているのか理解を深めることが可能となる。利用者は自閉スペクトラム症がある方である。コミュニケーション方法に特性がある方との関わりついて実習で学ぶことは，今後，社会福祉士を目指す実習生にとっては貴重な経験となる。

2．利用者やその関係者（家族・親族，友人等）との援助関係の形成

SW 実践の場の 理解に関する内容	SWr の 理解に関する内容	SW 実践の 理解に関する内容	SW 実践の 理解に関する内容（発展的）
1．相談受理の方法や過程，援助関係を形成していく場や方法についてどのようなものがあるか整理する。 2．利用者・家族等との面接の場の特徴を理解する。	1．面接技法やバイスティックの7原則について事前学習の内容を報告する。 2．自閉スペクトラム症のある方への関わり方について事前学習の内容を報告する。 3．職員による利用者との面接を観察し，アセスメントの視点と枠組みについて実習記録にまとめる。 4．面接の様子や利用者とかかわっている様子を観察して，カウンセリングの技法に基づく言動を実習記録に記す。 5．個別支援計画作成対象の利用者（以下，対象者）に同意を得るために実習指導者が説明をしている場面に同席し，観察する。	1．利用者との面接場面を想定し，質問事項等を考え，実習指導者に報告し，指導を受ける。 2．関わり技法（視線，表情等）を用い，意図を持って利用者と話をする。 3．基本的傾聴技法，（言い換え，閉ざされた質問，開かれた質問等）を用い，意図を持って利用者と話をする。 4．利用者の非言語の表出を観察し，その意味を考え実習記録にまとめる。また，実習指導者に報告し，指導を受ける。	1．実習期間内において，利用者を1人選び，その方との継続した関係づくりを行い，実習記録にまとめる。また，実習指導者に報告し，指導を受ける。

　教育に含むべき事項2を達成するために，利用者や家族等と援助関係の形成方法や相談受理の方法，支援開始までの過程をソーシャルワーカーに同行しながら学ぶ。また，ソーシャルワーカーが援助関係の形成において大切にしている点について実習指導者より説明を受ける。実習生は，学んだことを実習記録に整理し，実習指導者に報告する。また，ソーシャルワーク実践の理解に関する内容（発展的）では，利用者と継続的な関わりを通じて関係構築形成の体験を通じて学ぶことにより，より学びを深めることができる。

3．利用者や地域の状況を理解し，その生活上の課題（ニーズ）の把握，支援計画の作成と実施及び評価

SW 実践の場の 理解に関する内容	SWr の 理解に関する内容	SW 実践の 理解に関する内容	SW 実践の 理解に関する内容（発展的）
1．社会福祉法人けやきの郷がある地域の状況について事前学習内容をもとに実習指導者に報告し，指導を受ける。	1．実習指導者から支援計画立案の留意点について説明を受ける。	1．利用者の施設内での様子や日常生活を営む中での課題（ニーズ）・ストレングス等について職員から聞く。	1．対象者にあった面接方法を探すために複数回アセスメント面接を実施する。

2. 社会福祉法人けやきの郷の利用者の概要や施設の設置基準となる法制度について説明を受ける。	2. アセスメントからモニタリング及び評価までのプロセスについて説明を受ける。 3. ケース記録の記載について説明を受ける。 4. 支援計画作成対象の利用者の過去の記録を閲覧し、状況を理解する。 5. 会議に同席し、参加者の役割を観察し、実習記録に整理。実習指導者に報告する。	2. 利用者とアセスメント面接を実施する。 3. アセスメント面接のプロセスレコードを作成する。 4. アセスメント情報を基にエコマップ、ジェノグラム等作成する。 5. 対象者の障害支援区分認定に関わる調査項目の記入を行う。 6. 実習施設・機関周辺の社会資源等を把握するためのフィールドワークを行う。 7. 3-6を用いてアセスメント結果まとめるとともに支援計画の作成を行う。また、アセスメントのまとめ及び支援計画を実習指導者に報告する。	2. 収集した情報をアセスメントシートに基づいて整理し、分析する。 3. モニタリング内容を踏まえ、支援計画を修正し、再び実施、評価をする。

　教育に含むべき事項3を達成するために、ソーシャルワーク実践におけるアセスメントの視点と枠組み、支援計画作成・実施・評価までのプロセスを学ぶ。また、自閉スペクトラム症のある方のアセスメントの方法について実習指導者より説明を受け、実習生もアセスメントを実施し、支援計画の作成までを行う。

　さらには、社会福祉法人けやきの郷と地域の関係性について学びを深めながら、メゾ・マクロレベルでのソーシャルワーク実践を学ぶ。

4．利用者やその関係者（家族・親族，友人等）への権利擁護活動とその評価

SW 実践の場の 理解に関する内容	SWr の 理解に関する内容	SW 実践の 理解に関する内容	SW 実践の 理解に関する内容（発展的）
1. 障害者虐待防止法、障害者差別解消法、合理的配慮についての事前学習の内容を実習指導者に報告する。 2. 障害者虐待防止法、障害者差別解消法、合理的配慮に基づき社会福祉法人けやきの郷で実施している取り組み等について説明を受ける。 3. 社会福祉法人けやきの郷での権利擁護の取り組み事例について説明を受ける。 4. 自閉スペクトラム症・強度行動障害への理解を促進するための取り組みについて説明を受ける（実習施設・機関外作業、施設外活動等での講義等）。	1. 職員の利用者との関わりから権利擁護に関する行動を実習記録に記す。 2. 意思形成支援、意思表出支援、意思決定支援について説明を受ける。 3. ケース会議等の中で、利用者への合理的配慮について考える。 4. 利用者との施設外作業や施設外活動の引率職員の役割を観察し、留意点を考え、実習記録に記す。	1. 利用者の支援記録から意思形成支援、意思表出支援、意思決定支援を考え、実習指導者に報告する。 2. 利用者と職員の関わりから合理的配慮・権利擁護について考え、実習記録にまとめる。なお、実習指導者には報告し、指導を受ける。 3. 施設外作業や活動に参加し、自閉スペクトラム症・強度行動障害への理解促進を意識した行動を実践し、実習指導者に報告する。 4. 特定した利用者のアセスメント結果からストレングスを考え、実習指導者に報告する。	1. 実習生自身で考えた利用者の認知特性にあわせた取り組みを実施する。

　教育に含むべき事項4を達成するために、社会福祉法人けやきの郷での権利擁護の取り組み事例や権利擁護に関してソーシャルワーカーがどのように実践を行っているのか実習指導者から説明を受ける。また、自閉スペクトラム症のある方の意思形成支援・意思表出支援・意思決定支援について実習を通して考

え，考察を実習記録にまとめ，実習指導者に報告する。

5．多職種連携及びチームアプローチの実践的理解

SW 実践の場の 理解に関する内容	SWr の 理解に関する内容	SW 実践の 理解に関する内容	SW 実践の 理解に関する内容（発展的）
1．社会福祉法人けやきの郷の運営体制について説明を受ける。 2．社会福祉法人けやきの郷で勤務する専門職について説明を受ける。 3．関係機関（嘱託医，相談支援事業所，移動支援事業所等）について，事前学習の内容を実習指導者に報告し，役割や連携について説明を受ける。	1．施設内外の専門職同士の情報共有の方法について説明を受ける。 2．社会福祉法人けやきの郷で勤務する職員の業務について職員に聞き取り，実習記録に記す。また，実習指導者に報告し，指導を受ける。 3．ミーティング等に同席し，そこでSWrの役割を観察し，実習記録に記す。また，実習指導者に報告し，指導を受ける。 4．支援者会議やミーティングに同席し，職員の役割を観察し，実習記録に記す。また，実習指導者に報告し，指導を受ける。 5．関係機関や家族との電話連絡の場面に同席し，職員が何に配慮して電話しているかを観察し，実習記録に記す。また，実習指導者に報告し，指導を受ける。	1．社会福祉法人けやきの郷における多職種連携の必要性について実習指導者に説明を受ける。 2．職員に利用者の様子や作業の進捗等を報告する。 3．チームの一員として，職員から利用者支援について意見を求められたときに，自分の意見を伝える。	1．多職種連携またはチームアプローチの事例を検討し，プレゼンテーションを行う。 2．支援者会議やミーティングに参加し，会議録を作成し，実習指導者に報告する。

　　教育に含むべき事項5を達成するために，社会福祉法人けやきの郷における多職種連携とチームアプローチについて実習指導者より説明を受けるとともに会議等の場面を実際に観察し学びを深める。また，実習施設・機関外の支援者や住民等との連携の実際についても実習指導者等から説明を受け，理解を深める。

　　社会福祉法人けやきの郷は「地域」とのつながりを大切に日々の活動を実施している。その背景には，施設建設までの地域住民等とのやり取りや地域と連携した活動の実施，2度の水害と復旧に向けたボランティアによる支援活動がある。以上の話を聞くことにより，施設完結ではなく，地域とつながり続けなければならない意味を理解できるのではないだろうか。

6. 当該実習先が地域社会の中で果たす役割の理解及び具体的な地域社会への働きかけ

SW 実践の場の 理解に関する内容	SWr の 理解に関する内容	SW 実践の 理解に関する内容	SW 実践の 理解に関する内容（発展的）
1. 社会福祉法人けやきの郷の活動と地域社会のつながりについて実習指導者から説明を受ける※商工会や社会福祉協議会等。 2. ボランティアの受け入れの概況（人数，頻度，役割等）について説明を受ける。	1. パンの販売に同行し，職員が地域住民とどのように関わっているか観察する。 2. 取引先との打ち合わせに同席し職員の様子を観察し，実習記録に記す。また，実習指導者に報告し，指導を受ける。 3. ボランティアと利用者，職員の関わりを観察し，職員の役割を考え，実習記録に記す。また，実習指導者に報告し，指導を受ける。	1. 取引先や地域にどのように社会福祉法人けやきの郷を説明しているのか，実習指導者等から説明を受ける。また，実習指導者に報告し，指導を受ける。 2. 地域ボランティアと今後の課題について実習生同士で意見交換をする。また，実習指導者よりコメントをしてもらう。	1. 社会福祉法人けやきの郷について関係機関等から話を聞く。

　教育に含むべき事項6を達成するために，教育に含むべき事項5の実習内容と重なる部分もある。地域社会と社会福祉法人けやきの郷との関係，実際の取引先とのやり取りの場面に同席し，どのようなやり取りを行っているのか実習を通して学ぶ。

7. 地域における分野横断的・業種横断的な関係形成と社会資源の活用・調整・開発に関する理解

SW 実践の場の 理解に関する内容	SWr の 理解に関する内容	SW 実践の 理解に関する内容	SW 実践の 理解に関する内容（発展的）
1. 社会福祉法人けやきの郷の運営に関係する法制度について実習指導者等から説明を受ける。	1. 施設内のこと以外に地域のことを考えた取り組みにおける SWr の役割・機能について説明を受ける。聞いた内容をもとに実習記録に記す。また，実習指導者に報告し，指導を受ける。 2. 取引先と打ち合わせに同席し，職員の様子や連携における留意点を考察し，実習記録に記す。また，実習指導者に報告し，指導を受ける。	1. 施設内のこと以外に地域のことを考えた取り組みがなぜ必要なのか実習指導者から説明を受ける。聞いた内容をもとに実習記録に記す。また，実習指導者に報告し，指導を受ける。	1. 社会福祉法人けやきの郷が地域と行っている活動について開所時から今日までを調べまとめる。調べた内容をもとに実習記録に記す。また，実習指導者に報告し，指導を受ける。

　教育に含むべき事項7を達成するためには，実習施設・機関内外の社会資源について理解を深める必要がある。実習生は事前学習の時から社会資源について実習施設・機関が出す広報等を参考に整理する。また，実習開始後は事前学習でまとめた内容を実習指導者等に報告し，地域における分野横断的・業種横断的な関係形成について意見交換を行う。

8. 施設・事業者・機関・団体等の経営やサービスの管理運営の実際（チームマネジメントや人材管理の理解を含む）

SW 実践の場の 理解に関する内容	SWr の 理解に関する内容	SW 実践の 理解に関する内容	SW 実践の 理解に関する内容（発展的）
1. 社会福祉法人の法的根拠・役割についての説明を受ける。 2. 施設運営（財務・労務・人材・施設管理等）について説明を受ける。 3. 施設の危機管理（感染症対策，事故対応，業務マニュアル，苦情対応等）について説明を受ける。 4. 施設財務（福祉会計，授産会計）について説明を受ける。	1. 社会福祉法人に期待される役割，そこでの社会福祉士の役割について説明を受け，実習記録に記す。また，実習指導者に報告し，指導を受ける。 2. 施設職員が障害支援区分認定調査前に行う準備に同席（資料閲覧）し，支給決定にかかわる評価スケールと障害支援区分における課題についての説明を受け，実習記録に記す。また，実習指導者に報告し，指導を受ける。	1. 社会福祉法人として公益性，透明性を意識した施設内の取り組みについて実習指導者より説明を受け，実習記録に記す。また，実習指導者に報告し，指導を受ける。 2. 施設で作成している職員の業務マニュアルを基に，施設内の危機管理について説明を受け，実習記録に記す。また，実習指導者に報告し，指導を受ける。	1. 事業所の特色，強み，課題を評価し，管理者との意見交換を行う。

　　教育に含むべき事項 8 を達成するためには，社会福祉法人の法的根拠と役割等について，実習生は事前学習の時から学び，情報を整理する必要がある。そのうえで，実習指導者等から社会福祉法人けやきの郷の運営（財務・労務・人材・施設管理等），危機管理（感染症対策，事故対応，業務マニュアル，苦情対応等）等について説明を受ける。

9. 社会福祉士としての職業倫理と組織の一員としての役割と責任の理解

SW 実践の場の 理解に関する内容	SWr の 理解に関する内容	SW 実践の 理解に関する内容	SW 実践の 理解に関する内容（発展的）
1. 社会福祉士の倫理綱領に基づいた実践について説明を受ける。 2. 法人の就業規則（服務規定，個人情報保護規定等）を読み，説明を受ける。 3. 個人情報保護のための取り組み（文章，メール等の取り扱い方）について説明を受け，実習記録に記す。また，実習指導者に報告し，指導を受ける。	1. 実習指導者の倫理綱領に基づいた行動を抽出し，実習記録に記す。また，実習指導者に報告し，指導を受ける。 2. 法人の就業規則を読んだ上で，職員も立ち振る舞い等を観察し，実習記録に記す。また，実習指導者に報告し，指導を受ける。	1. 施設での倫理的ジレンマ事例について説明を受け，実習指導者と意見交換をする。 2. 翌日の勤務（実習）開始時間を確認する。 3. 実習開始時間に間に合うように出勤し，朝のミーティングに参加する。 4. 勤務時間（実習時間）の計算を行う。 5. 実習中に作成した文章や課題，資料等を必要な物と不要なものに分け，不要な物はシュレッダーで破棄する。	1. 実習中に感じたジレンマを抽出し，どこにジレンマが生じているのか，どのように感じているのか等を，実習記録に記す。また，実習指導者に報告し，指導を受ける。

　　教育に含むべき事項 9 を達成するためには，ソーシャルワーカーがよりどころとする倫理綱領について，実習生は事前学習の時から学び，理解を深める必要がある。また，ソーシャルワーク実践における倫理的ジレンマについて事例をもとに説明を受け，事例からソーシャルワーカーが組織で果たす役割と責任について実習記録に考察をまとめる。また，まとめをもとに実習指導者に報告

し，振り返りを行う。

10．アウトリーチ・ネットワーキング・コーディネーション・ネゴシエーション・ファシリテーション・プレゼンテーション・ソーシャルアクションについて目的，方法，留意点について説明することができる

　ソーシャルワーク実践において，アウトリーチ・ネットワーキング・コーディネーション・ネゴシエーション・ファシリテーション・プレゼンテーション・ソーシャルアクションがなぜ重要となるのか実習を通して考察する。また，実習中，上記技法を用いてソーシャルワーク実践を実習生が展開する。

Ⅱ．実習生の事前学習内容

　実習施設・機関の法的根拠のなる法律について整理するとともに，地域社会とのつながりについて事前学習する必要がある。また，ソーシャルワーカーがよりどころとする倫理綱領や援助技術については振り返りを行い，机上の理論ではなく実践場面を想定した理解を心がける必要がある。

Ⅲ．考　　察

　社会福祉法人けやきの郷における新カリキュラムに基づく実習プログラムに

プロムナード 4

社会福祉法人けやきの郷総務部長　内山智裕

　社会福祉法人けやきの郷（埼玉県川越市）は，日本有数の自閉症者専門支援施設の一つです。約100名の重度の知的障害を伴う自閉症の方が障害福祉サービスを利用されています。

　ソーシャルワーク実習では，それまで障害のある方とともに時間を過ごした経験がない学生のほとんどが，自閉症のある方，強度行動障害の状態にある方と初めて時間を共有し，戸惑いからスタートします。

　しかし，実習開始から2週間くらい経過すると，実習生の心理的障壁は軽減され，戸惑いは喜びや好奇心に変化していきます。このような学生の心のやわらかさを目の当たりにすると，実習受け入れ施設として感慨深いものがあります。

　当初，学生が抱える，事実を知らないことからくる重度の障害者に対する恐れや不安は，ソーシャルワーク実習において，専門職を目指す意欲と現実とのはざまで葛藤が生じます。学生は，それまでの経験や障害に対する価値観と対峙し，やがて積極的に要支援者と関わろうとする気持ちが芽生え，コミュニケーションの困難さを克服しようと試みるようになります。重度の障害がある方との関係性の小さな変化にまで気づく感性が育つと，それはのちに喜びややりがいに変わっていくようです。障害特性によって生じる生活の困難さを，学生が自分のこととして共感し，困難さと向き合う時間は，日常で忘れかけていた共助の感性を強く刺激しているようにも思えます。

　私たちが目指す地域共生社会は，ここからはじまるのだと思います。

　支援が必要な障害者としてではなく，人として，同じ目線で対等に関われるようになることは，専門職として関わる前に必要な，学生時代だからこそえられる固有の経験の一つであり，ソーシャルワーク実習は，学生にとって人間性を涵養するための，貴重かつ，もっとも感性を刺激するに値する青春の1ページに違いありません。

ついてみてきた。とりわけ，利用者の多くが自閉スペクトラム症のある方であることから事前学習から自閉スペクトラム症について学ぶ必要がある。また，自閉スペクトラム症のある方とのコミュニケーション技法についても学ぶことができる。この経験は将来専門職を目指す学生にとって貴重な経験となる。

　さらには，同法人内には様々な施設・機関等が併設されており，実習期間中に実習に行く場合もある。その際，主実習施設・機関（初雁の家）との関係等について学ぶことにより，ソーシャルワークの展開過程について理解することが可能となる。

第 3 章　実習プログラミング

【医　　療】
【医療法人真正会　霞ヶ関南病院】

Ⅰ. 基本実習プログラムの事例

　医療法人真生会霞ヶ関南病院（埼玉県川越市）は，199 床（回復期リハビリテーション病棟 123 床，障害者施設等一般病棟 37 床，医療療養型病棟 39 床）を有する医療機関である。医療法人真正会では，霞ヶ関南病院をはじめ，在宅リハビリテーションセンター，地域包括支援センター，クリニックなどを運営し，地域に根差した医療と介護を提供している。

　以下，霞ヶ関南病院で作成された基本実習プログラムの教育に含むべき事項1 から 10 をもとに，医療機関における新カリキュラムの実習プログラミングを見ていく。

1. 利用者やその関係者（家族・親族，友人等），施設・事業者・機関・団体，住民やボランティア等との基本的なコミュニケーションや円滑な人間関係の形成

SW 実践の場の 理解に関する内容	SWr の 理解に関する内容	SW 実践の 理解に関する内容	SW 実践の 理解に関する内容（発展的）
1. 病院内の職種・連携，他機関との連携について SWr より説明をうける。 2. 連携にはどのような方法がとられているか観察し，記録をする。 3. ミーティングやカンファレンスに同席，観察し，その会議の目的や意味について考え，実習記録を作成する。	1. 多職種チームの中で SWr がどのような役割・専門性をもって働いているか SWr より聞き取り記録をする。 2. 患者や家族等とやり取りをする SWr を観察しどのようにコミュニケーション・関係形成を行っていたかを，記録をする。 3. 病棟内のミーティングやカンファレンスで SWr がどのような役割や機能を担っているか観察し，実習記録を作成する。	1. 面談や連携場面を観察し，役割や専門性を感じる点につい SWr に報告話をする。 2. 専門性に気が付き，観察し，それを記録にする。 3. 病棟や病院のミーティングやカンファレンスに同席した際に観察した場面について，SW 実践プロセスと関連づけて考え，実習記録を作成する。	1. SWr に求める専門性や役割を他職種より聞き取り，記録にする。 2. コミュニケーション，連携に必要なことについて学んだことを SWr と共有し，病院職員とのやり取りで活用する。 3. SWr が関わる会議や面接に同席する場面がある際に，実習生として挨拶や自己紹介，自身の意見や感想等を伝える。

　患者・家族等との面接時におけるソーシャルワーカーの関わりを観察し，どのようなコミュニケーションを取り，関係形成を行っているのかの理解を深める内容となっている。医療機関では，ソーシャルワーカーは多職種チームの一員として，他職種との連携を通じて支援が展開される。病院内での多職種との連携場面を観察し，ソーシャルワーカーとしての専門性や実践プロセスを実習記録に明確に言語化することを実習課題としている。ソーシャルワーク実践の理解に関する内容（発展的）では，これまでに学んだ内容をもとに，実習生が自ら他職種と関わる機会を持ち，より実践的な体験を通じて学ぶことができるようになっている。

2．利用者やその関係者（家族・親族，友人等）との援助関係の形成

SW 実践の場の 理解に関する内容	SWr の 理解に関する内容	SW 実践の 理解に関する内容	SW 実践の 理解に関する内容（発展的）
1．相談受理の方法や過程，援助関係を形成していく場や方法についてどのようなものがあるか整理する。 2．病棟担当 SWr の業務に同行，見学し，面接の場や方法の特性を考える。	1．関係性構築のために面接方法をどのように選択しているか，どのようなことを大切にしているかを SWr から聞き取る。 2．面接の場や方法の実際について，SWr に質問する。	1．関係を築くための SWr の対応が，実際の実践場面でどのように行われているかを観察し，記録に残す。そのことについて SWr と振り返りを行う。 2．当該実践場面において活用されていた面接技術を整理し，実習記録を作成する。	1．同意が得られた対象者に対し，SWr の対応や援助関係について聞き取り，対象者の気持ちを理解する。 2．実習期間内において，対象者を 1 人選び，その方との継続した関係づくりを体験し，考察をし，記録にまとめる。

　　患者や家族等との援助関係を築くために，相談受理の方法を整理し，ソーシャルワーカーの業務同行や見学，そしてソーシャルワーカーが大切にしている点について実習指導者と振り返りを行う実習内容となっている。実習生は，具体的な実践場面での面接技術を整理し，実習記録を作成することにより，面接技術の活用に関する理解を深める。ソーシャルワーク実践の理解に関する内容（発展的）では，対象者の選定を始め，継続的な関係構築の体験を通じて学ぶ実習内容となっている。

3．利用者や地域の状況を理解し，その生活上の課題（ニーズ）の把握，支援計画の作成と実施及び評価

SW 実践の場の 理解に関する内容	SWr の 理解に関する内容	SW 実践の 理解に関する内容	SW 実践の 理解に関する内容（発展的）
（ミクロを中心） 1．実習生が担当する A さんについて，これまでの記録を閲覧する。 2．A さんのリハビリ場面や SWr の面接場面に同席し観察した事実等について記録する。 3．A さんの住環境を理解する。 （メゾを中心） 4．地域分析や，市・社協が作成している地域計画の内容を確認し，担当圏域やその中の地域の状況を理解する。 （マクロを中心） 5．地域包括ケア推進課より市地域福祉計画を閲覧し，市の方針を理解する。	（ミクロを中心） 1．A さんについて，これまで SWr がどのようにアセスメントしていたかを聞きとる。 2．A さんの家族構成やエコマップを SWr とともに作成し，地域での暮らしやつながりがあることを体験する。 （メゾを中心） 3．SWr が地域支援を行っている状況や方法，経過について聞き取り，記録にする。 （マクロを中心） 4．地域包括ケア推進課の SWr がどのように市福祉計画の達成に向け考えているかを聞き取る。	（ミクロを中心） 1．A さんの支援経過を SWr より聞き取り，今度の支援方針を実習生が検討する。 2．支援方針について SWr と共有し，A さんに説明する。 （メゾを中心） 3．SWr と地域へ同行し，計画や聞き取った内容から地域アセスメントを行う。 （マクロを中心） 4．地域包括ケア推進課 SWr が，計画達成のために具体的に行っていることを聞き取る。	（ミクロを中心） 1．アセスメントを所定の様式にまとめる。 2．アセスメントを基に，支援計画を作成。 3．包括内で支援計画のプレゼンを行う。 （メゾを中心） 4．アセスメントした内容を SWr にプレゼンする。 （マクロを中心） 5．SWr が地域へ出向く場面に同席し，やり取りに参加する。地域住民の意向を聞き取り，SWr と共有する。

　　ソーシャルワーク実践をエンゲージメント，アセスメント，プランニング，支援の実施，モニタリング，エバリュエーションといった一連のプロセスとして捉え，ミクロレベルの実践だけでなく，メゾ・マクロレベルの実践との連動性を理解することが重要となる。その学びを深めるため，実習内容をミクロ，

メゾ，マクロの各レベルに応じて分類し，それぞれのレベルでの体験が得られるようになっている。ソーシャルワーク実践の理解に関する内容（発展的）では，アセスメント内容について，プレゼンテーションする機会が用意されている。

4. 利用者やその関係者（家族・親族，友人等）への権利擁護活動とその評価

SW 実践の場の 理解に関する内容	SWr の 理解に関する内容	SW 実践の 理解に関する内容	SW 実践の 理解に関する内容（発展的）
1. 入院中のクライエントに対しての倫理的課題が何かを SWr から説明を聞く。	1. 権利擁護業務の実際の場面について聞き取り，事例を通して考えた SWr の役割を考え記録する。	1. 多職種チームの中で権利擁護について SWr がどのような役割を果たしているのかを観察し，記録に残す。	1. SWr と権利擁護について確認し，個別のケースに対して考えられる倫理的な課題を抽出し，SWr にプレゼンできる。

　医療機関において倫理的な課題に直面することは少なくない。ソーシャルワーカーは，日々の業務の中で倫理的な課題に取り組みながら，多職種チームの中で期待される役割を理解し，果たすことが求められている。ここでは，実習生が倫理的課題を含む具体的な事例を通じて，ソーシャルワーカーの権利擁護活動についての理解を深める実習内容となっている。ソーシャルワーク実践の理解に関する内容（発展的）では，実習生は個別ケースにおける課題を特定し，その成果をプレゼンテーションする機会が用意されている。

5. 多職種連携及びチームアプローチの実践的理解

SW 実践の場の 理解に関する内容	SWr の 理解に関する内容	SW 実践の 理解に関する内容	SW 実践の 理解に関する内容（発展的）
（メゾ：組織を中心に） 1. SWr・他職種と話をし，各職種がチームで勤務するうえで大切にしていることや院内の連携について聞き取りを行う。 2. 法人内の各部署と連携し，数日ずつの実習を行う。連携で重要だと感じたことを記録する。 （メゾ：地域中心に） 3. ボランティア団体や地域住民による組織，社協の地域活動について説明を受ける。（主に地域包括にて）	（メゾ：組織を中心に） 1. 病院内の役割について SWr に聞く。 2. 協働する他職種から SWr に期待することを聞き取り，記録に残す。 3. 法人内各部署に勤務する SWr から業務内容や特性・連携で大切にしていることについて聞き取り，実習記録を作成する。 （メゾ：地域を中心に） 4. 様々な地域活動（ケア会議・報告会・ネットワーク会議・住民主体の活動）に参加する際，SWr が大切にしていることや実践例を聞き取り，事実・感じたことを記録にする。 5. 種々のケア会議開催に向け，SWr がどのような準備を行っているか確認をする。	（メゾ：組織を中心に） 1. 個別ケースやミーティング・会議にて SWr が連携・共同する意義や役割について考察する。 （メゾ：地域を中心に） 2. 多職種連携の場で，場の理解で SWr から聞き取ったことがどのように実践されているか確認・考察し記録に残す。 3. 種々のケア会議に出席し，目標設定や役割分担の合意形成のプロセスを観察し，実習記録にまとめる。	（メゾ：組織を中心に） 1. 所内ミーティングの議事録を作成する。 （メゾ：地域を中心に） 2. 種々のケア会議に参加し，運営について担当者に指示された内容を行う。 3. 実習内で感じた地域住民に啓発したいと考える事柄について，自身で資料を準備。自主グループやオレンジカフェなど地域住民が集まる場において実習生から地域住民へ伝達を行う。

　医療機関において，ソーシャルワーカーは多職種チームの一員として，多職

種との間でアセスメントを共有し，支援を展開している。多職種連携やチームアプローチの実践には，異なる専門職の理解が不可欠となる。この理解を深めるために，メゾレベルの実践として「組織」と「地域」に焦点を当てたプログラムになっているのが特徴的である。ソーシャルワーク実践の理解に関する内容（発展的）では，実習生には所内ミーティングや様々なケア会議への参加を通じた実践的な学びの機会が用意されている。

6. 当該実習先が地域社会の中で果たす役割の理解及び具体的な地域社会への働きかけ

SW 実践の場の 理解に関する内容	SWr の 理解に関する内容	SW 実践の 理解に関する内容	SW 実践の 理解に関する内容（発展的）
1. 包括が地域・地域住民に向けて行っている事業の説明を受ける。 2. 包括の日報月報を確認。 3. 地域の資料等を閲覧し，包括の役割を確認する。	1. 地域活動について，SWrの役割や機能の説明を受ける。また，実際の場面に同行し，それらがどのように実践されているのかを観察する。	1. 地域活動（担当圏域ケア会議やいもっこ体操教室など）に参加または過去の事例を SWr より聞き取る。それらに対し，SWr がどのように会議の運営，参加者と同意形成をしているか，確認する。 2. 会議での方針の決定プロセスを注意深く観察し記録する。	1. 地域住民や関係機関からみたセンターの機能や役割を聞き取る。それらがセンター職員・SWr の狙いと比較してどうかを考察し，所内のミーティングなどの場でプレゼンをする。

地域社会における病院の役割を理解するために，地域関係機関との連携や地域社会への働きかけの実際を観察し，考察する実習内容となっている。ここでは，同法人にある地域包括支援センターでの実習体験も用意されている。実習生はそこでの地域活動への参加や過去の事例の聞き取りを通じて，地域社会における病院の役割について理解を深めることを実習課題としている。ソーシャルワーク実践の理解に関する内容（発展的）では，聞き取り内容についてソーシャルワーカーの狙いと比較して考察し，それを所内ミーティングなどの場でプレゼンテーションする機会が用意されている。

7. 地域における分野横断的・業種横断的な関係形成と社会資源の活用・調整・開発に関する理解

SW 実践の場の 理解に関する内容	SWr の 理解に関する内容	SW 実践の 理解に関する内容	SW 実践の 理解に関する内容（発展的）
1. 包括が関わる連携会議（担当圏域ケア会議・活動報告会・部門 MT・その他）について説明を受ける。 2. 包括の業務で関連する機関・人について聞き，エコマップにまとめる。	1. 他機関との活動や会議に同行する。その場の SWr の言動を観察し，その意図を考える。 2. SWr がそれらの場に参加する意義を考える。	1. 個別ケース・地域会議の場に同席。課題の整理や目標設定・プロセス・役割分担がどのように行われているのか，社会資源がどのようにその人のために活用されているのかを観察する。 2. 1.の会議後，出席者と話をして，包括との連携について聞き，記録に残す。	1. これまでの実習で積み重ねた個別課題・地域アセスメントを整理する。 2. アセスメントした地域の状況・問題解決に必要な社会資源の活用についてまとめ，実習機関内にてプレゼンを行う。

第3章　実習プログラミング

　地域における多様な社会資源の理解と活用は，問題解決や新たな資源の開発に不可欠となる。それには，知識の習得だけではなく，実践現場での体験を通じてその意義を深く考察することが重要となる。ここでは，他機関との協働活動や会議への参加を通じて，実践的な学びを得ることができる実習内容となっている。また，同法人にある地域包括支援センターでの実習体験も用意され，実習生にとって，分野横断的・業種横断的な社会資源の活用を直接観察し，理解を深める機会となっている。

8. 施設・事業者・機関・団体等の経営やサービスの管理運営の実際（チームマネジメントや人材管理の理解を含む）

SW実践の場の 理解に関する内容	SWrの 理解に関する内容	SW実践の 理解に関する内容	SW実践の 理解に関する内容（発展的）
1. 事前に学んだ内容を，SWrに報告し，質問をする。 2. 特に回復期リハビリテーション病棟についての特徴，入院患者の特性等について理解を深める。 3. 包括の実施基準や事業計画の説明を受ける。 4. 委託業務と法人の方針をどう調整しながら業務にあたっているか聞き取る。	1. SWrが参加している会議の種類，その目的や組織図を閲覧し，役割を確認する。 2. SWrとして，各種会議や事業において重要にしている過程や合意形成までの役割を学ぶ。	1. 会議の必要性や効果について，SWrから聞き取る。	1. 回復期リハビリテーション病棟に入院する患者の特性を捉え，必要な退院支援についてのプログラムを作成し，SWrにプレゼンをする。

　病院の経営理念，戦略，分析に基づいた実践を行うためには，病院の機能や特徴，患者特性など，多岐にわたる理解を深める必要がある。ここでは，病院のみならず，地域包括支援センターの実施基準や事業計画についての理解を深めることで，病院における経営面や管理運営の実際に関しての理解を促進する実習内容となっている。ソーシャルワーク実践の理解に関する内容（発展的）では，退院支援プログラムの作成やプレゼンテーションの機会が用意されている。

9. 社会福祉士としての職業倫理と組織の一員としての役割と責任の理解

SW実践の場の 理解に関する内容	SWrの 理解に関する内容	SW実践の 理解に関する内容	SW実践の 理解に関する内容（発展的）
1. 倫理綱領で感じたこと・疑問などについてSWrと話をして，実践的な理解を深める。 2. 法人の就業規則や個人情報の取り扱い，重要事項説明書など，包括の基本的なルールを学ぶ。	1. 倫理綱領・これまで見てきた実際の状況を踏まえ，SWrが感じるジレンマについて話をする。 2. SWrが各種団体や川越市地域包括支援センター社会福祉士会に属する意味，各種勉強会や研修会に参加する必要性について説明を受ける。	1. SWrとして倫理を特に考える場面や，ジレンマを感じる場面を聞き取る。	1. 社会福祉士の倫理綱領が反映されていると感じるSWrの言動を記録する。 2. 実習期間内にて実習生としてジレンマを感じたことを担当者に報告。その事柄についてSWrの考えやそれらの場面でのSWrの動きについて話をする。

　医療機関で生じる倫理的ジレンマを考察するには，ソーシャルワーカーが拠

り所とする倫理綱領の重要性と，それに基づく実践的な理解を深める必要がある。実習生は，入退院支援や虐待対応など，倫理的ジレンマが生じる様々な事例から，ソーシャルワーカーとして組織内で果たすべき役割と責任について理解をする実習内容となっている。ソーシャルワーク実践の理解に関する内容（発展的）では，実習生は実習期間中に直面したジレンマを，倫理綱領等を参照しながら言語化し，その意義を考察する機会が用意されている。

10. アウトリーチ・ネットワーキング・コーディネーション・ネゴシエーション・ファシリテーション・プレゼンテーション・ソーシャルアクションについて目的，方法，留意点について説明することができる

　　病院だけではなく，地域包括支援センターでの観察や体験を通じて，多様な実践場面での技術を学び，それぞれの目的や方法，そして留意すべき点についての理解を深める機会が用意されている。これらの実習内容から，実習生は実践現場での実習体験を重ね，理論と実践の統合を図る。

> ## プロムナード 5
>
> ### 戸田中央メディカルケアグループ医療福祉部スーパーバイザー　秋山愛
>
> 　社会福祉士を目指す学生にとって，実習は座学では学べない臨床を体感できるとても貴重な時間です。医療機関が社会福祉士の実習施設に追加されたのは平成18年です。今では多くの医療機関が実習生の受け入れをされているのではないでしょうか。特に医療ソーシャルワーカーを目指す学生にとって，医療機関での実習機会は現場の臨場感を肌で感じる機会となり，将来の自分の姿を想像し，就職への決め手になる方も多くいるのではないかと思います。また，実習生を受け入れている機関にとってはよい学生との出会いはその後の採用につながるケースもあり，優秀なソーシャルワーカーの卵との出会いの場になる可能性があります。
> 　養成校にとっては，幅広い実習先の選択肢と学生の希望や傾向に合わせて実習先をマッチングすることはなかなか容易なことではないと思います。立場上，専門学校も含めた多くの養成校から実習生の受け入れに関する問い合わせをいただく機会が多くありますので，実習をお受けする立場から養成校との連携についてコメントしたいと思います。実習の重要性は十分に理解してはいるものの，忙しい現場において実習生を受け入れるということは非常に大きな負担であることは間違いありません。学生の理解度も様々ですので，毎回同じ実習プログラムを予定通りにこなせるわけではなく，一人ひとりに合わせた実習プログラムの作成と指導，フィードバックはかなりの労力となります。そんななか，養成校がどのような教育方針で学生を育成しているか，実習に向けてどのような事前学習がされているか，ということが明確にされていると現場での実習プログラムが作成しやすいのではないかと思います。
> 　また，多くの養成校で実習後のフィードバックをされていると思います。いくつかの大学の実習報告会に参加させていただいたことがありますが，実習での体験がどのような気づきと学びにつながったか，ということをフィードバックしてもらえると，指導者にとっては励みになります。実習で得られた体験的な学びの深さは，専門職として就職をしていく際，自らを最もアピールできるポイントにもなると思います。どんな専門職を育成し，世に送り出していくか…それぞれの養成校の「想い」が実習のカリキュラムに反映されているのではないかと思います。その「想い」に共感し，ともに専門職を育成することが養成校と受け入れる機関との一番の連携になるのではないでしょうか。

第 3 章　実習プログラミング

Ⅱ．学生の事前学習内容

　これまでに養成校で学んだ内容（面接技術，倫理綱領，介護保険制度，高額療養費制度など）を復習し，基本実習プログラムを効果的に実施するために必要な基礎知識（実習施設の法的根拠，病院の概要，病床の機能，地域福祉計画，地域包括支援センターの概要と機能）を学習する内容となっている。

Ⅲ．考　　察

　医療法人真正会霞ヶ関南病院における新カリキュラムの実習プログラミングについて見てきた。入退院支援，社会復帰援助，多職種連携，地域関係機関との連携などの幅広い実践を学ぶ実習内容となっている。病院実習では，患者や家族等との面接に同席するなど，ミクロレベルでの実践学習が主となるが，霞ヶ関南病院では，組織や地域といったメゾ・マクロレベルでの実践内容とその相互作用の理解にも重点を置いている。限られた 23 日以上・180 時間の実習期間内にこれらを体系的に学ぶために，同法人の地域包括支援センターでの実習体験がプログラムに組み込まれ，実習生には多様な実践現場における実践的な学びの機会が提供されている。

プロムナード 6

東京科学大学病院医療連携支援センター医療福祉支援室
ソーシャルワーカーマネジャー　伊藤亜希

　当院は，都内中心部に位置する 813 床の大学病院です。日々目まぐるしい中，業務にあたっています。大学病院の業務は臨床・教育・研究の 3 本柱であり，実習生受け入れはごく当たり前のことであり，年間計画となっています。実習指導者は 1 人決めますが，部署のスタッフ全員が必ず実習生に関わる時間を作り，支援しています。

　新カリキュラムへ変更となり，教育事項を網羅的に体験できるプログラムを作成する必要が出てきました。いざ作成してみたものの 10 項目中の「地域社会の中で果たす役割の理解及び具体的な地域社会への働きかけ」については，大学病院というフィールドで実践できていることが思い浮かばず，具体的な実習内容を設定できずに悩みましたが，振り返り，「地域社会」を捉え直してみると普段の実践の中にも地域活動に分類できるものがあることに気づきました。新たな発見でした。

　新しく作成したプログラムは，実施／体験の機会を多く設定できたこと，教育に含むべき事項を網羅できたことにより，プログラムに添った実習を行うことができれば，より実践力を高めることができ，ジェネラリストの育成が可能になるのではないかと思います。また，養成校との連携の機会が増えたため，3 者で実習の進捗や達成度を確認できるようになり，充実した実習を提供できるようになったと思います。

　多くの時間やエネルギーを費やす実習指導は決して楽ではありません。しかし，実習指導を担当することにより，「倫理綱領に立ち返る」「実践を言語化する」といったきっかけが増え，指導者が自らの実践を振り返ることになり，学びになっていると実感しています。

　「実践の学問」である社会福祉学の学びに実習は不可欠です。ソーシャルワークの方法や技術も，講義や演習だけで学べるものではなく，ソーシャルワーカーの動きから，また自らが現場に身を置くことで実践的経験的に習得できるものです。ぜひ実習に来て下さい。

【児童・女性支援】
【社会福祉法人　二葉保育園児童養護施設二葉学園】

Ⅰ．基本実習プログラムの事例

　ここでは東京都調布市の社会福祉法人二葉保育園児童養護施設二葉学園をひとつの事例として，「基本実習プログラム」の作成を通して，新カリキュラムにおける実習プログラミングについて検討したい。

　以下，教育に含むべき事項1から10までを参考に，具体的な実習内容に関してみていく。

1．利用者やその関係者（家族・親族，友人等），施設・事業者・機関・団体，住民やボランティア等との基本的なコミュニケーションや円滑な人間関係の形成

達成目標：クライエント等と人間関係を形成するための基本的なコミュニケーションをとることができる

　教育に含むべき事項1においては，以下の通り，具体的実習内容の設定としては，「職員や児童とその家庭，地域住民などの特性の理解，会議への参加，利用者への観察，コミュニケーションを実践する」である。

SW 実践の場の 理解に関する内容	SWr の 理解に関する内容	SW 実践の 理解に関する内容	SW 実践の 理解に関する内容（発展的）
1．施設の機能，職員の役割について，日誌やHP,パンフレット，事業計画などを閲覧し，理解する。 2．地域における児童養護施設の役割について，職員から説明を受ける。	1．様々な生活場面で児童への観察を進める。 2．その中でどのような気づきを得られるか，児童の言動面と実習指導者の児童への関わりに関して観察し，検討する。	1．学校や児童商談所など関係機関の役割を理解する。 2．会議に出席し，社会福祉士の役割についての助言を受け，理解する。 3．児童とのコミュニケーションを積極的にとり，信頼関係の構築をはかる。	1．児童との言語，非言語コミュニケーションを実践し，コミュニケーションや信頼関係構築に関する課題に関してプレゼンテーションを行う。 2．実習指導者からコメントをもらい，改善点を検討する。

　児童や児童養護施設への理解については，日誌やホームページ，パンフレット，事業計画等をもとに考察し，さらに児童との言語，非言語コミュニケーション活動を通じて課題をまとめ，それを実習担当職員に報告し理解を深める。

2．利用者やその関係者（家族・親族，友人等）との援助関係の形成

達成目標：クライエント等との援助関係を形成することができる

　教育に含むべき事項2においては，児童養護施設の機能と役割を調べる。児童や家族の特性，傾向への理解，児童との信頼関係の構築である。

SW実践の場の 理解に関する内容	SWrの 理解に関する内容	SW実践の 理解に関する内容	SW実践の 理解に関する内容（発展的）
1. 施設に入所する児童とその，家族に関する理解を進めるため，ケース記録などをもとにニーズについて検討する。 2. ニーズに対してどのような支援計画を立てているのか，説明を受ける。	1. 社会福祉士の業務に関する観察と考察。 2. 施設にはどのような専門職種があるか，指導者から説明を受ける。 3. 生活場面での児童の様子を通して，施設で必要とされている支援や信頼関係構築に関して検討する。	1. アセスメントや支援計画，ケース記録の書き方に関して説明を受ける。 2. 以上を通して児童の抱える課題と今後の支援について検討してみる。	1. 児童との信頼関係を構築するためには，どのようなことが必要か，まとめて実習指導者に報告する。

　入所している児童，その家族の入所の背景等の説明を受け，また，ケース記録などを閲覧してニーズを把握する。施設における多職種の理解，生活場面での児童の観察，信頼関係構築に関してどのようなことが必要か，に関する検討などが重要である。

3. 利用者や地域の状況を理解し，その生活上の課題（ニーズ）の把握，支援計画の作成と実施及び評価

達成目標：クライエント，グループ，地域住民等のアセスメントを実施し，ニーズを明確にすることができる。地域アセスメントを実施し，地域の課題や問題解決に向けた目標を設定することができる。各種計画の様式を使用して計画を作成・策定及び実施することができる。各種計画の実施をモニタリング及び評価することができる。

　教育に含むべき事項3においては，支援計画作成や地域における施設の役割を学ぶ。

SW実践の場の 理解に関する内容	SWrの 理解に関する内容	SW実践の 理解に関する内容	SW実践の 理解に関する内容（発展的）
1. 自立支援計画を通じて，各職種や機関の役割が理解できるようにする。情報収集の方法についての指導を受ける。 2. 支援計画の実施における多職種との関係構築に関して理解する。	1. ケース記録を読み込むことで，支援のあり方，社会福祉士の役割を理解し，内容を整理する。 2. ジェノグラム，エコマップを作成する。その際に地域の資源について，情報収集する。 3. 自立支援計画作成について，書き方や視点に関して具体的な指導を受ける。 4. 施設の地域活動や支援事業に参加し，その役割，機能に関して考察する。	1. 自立支援計画の作成に向けて対象となる児童を選定し，そのニーズ把握・課題整理を行う。アセスメントを行い，これを踏まえた関わりを行う。 2. 既存のケース記録を読み，支援の流れと全体像を理解し，各関係機関，施設の役割等をまとめて，実習指導者に報告する。 3. 地域の様々な関係施設機関や社会資源を理解する。 4. 地域の資源マップを作成し，不足している資源に関する考察を行う。	1. 特定のケースについて自立支援計画を作成し，これに基づいて実践を行う。 2. 経過をモニタリングする。児童の言動や変化を観察し，実習生が自身で支援方法を検討する。 3. 1.と2.で学んだ内容についてまとめ，実習担当者に報告して検討する。

　自立支援計画作成に向けて児童の心身の状況や生活状況を把握する。児童の課題や支援の全体像を把握するとともに各職種や関係機関・施設の役割についても理解する。地域活動や地域支援事業に参加し，その役割や機能を具体的に

理解する。ジェノグラムやエコマップを作成することで児童とその施設の水準や課題，社会活動との関係性等について理解を進める。さらに，ケースのアセスメント，自立支援計画の作成，実施，モニタリングを行うことで，児童の支援に関して考察を深める。

4．利用者やその関係者（家族・親族，友人等）への権利擁護活動とその評価

達成目標：クライエントの権利擁護及びエンパワメントを含む実践を行い，評価することができる

　教育に含むべき事項4においては，エンパワメント，代弁（アドボケイト）などについて学び，実習を進める。

SW 実践の場の 理解に関する内容	SWr の 理解に関する内容	SW 実践の 理解に関する内容	SW 実践の 理解に関する内容（発展的）
1．児童のエンパワメント，アドボケイトとはどのようなことか，職員から説明を受ける。児童虐待に関する資料や文献を読む。 2．具体的な事例について説明を受けて，理解を深める。	1．どのように児童のアドボケイトやエンパワメントが実践されているか，理解する。	1．生活場面における，児童に対するアドボケイト，エンパワメントの実際を検討し，その意義について，指導者に報告する。	1．地域の関係施設や機関の専門職への聞き取りを通じて児童のアドボケイト，エンパワメントが地域でどのように取り組まれているのか，理解する。

　児童虐待に関する資料，文献を読み，実際の事例について説明を受ける。また地域の多職種との協働を通して支援がいかに展開されているか具体的な事例を検討することを通して，生活場面における児童に対するアドボケイトやエンパワメントについてまとめて報告する。

5．多職種連携及びチームアプローチの実践的理解

達成目標：実習施設・機関等の各職種の機能と役割を説明することができる。実習施設・機関等と関係する社会資源の機能と役割を説明することができる。地域住民，関係者，関係機関等と連携・協働することができる。各種会議を企画・運営することができる。

　教育に含むべき事項5においては，多職種連携，チームアプローチについて実践を通して理解する。

SW 実践の場の 理解に関する内容	SWr の 理解に関する内容	SW 実践の 理解に関する内容	SW 実践の 理解に関する内容（発展的）
1．各専門職の役割や機能に関する理解を進める。 2．児童相談所や学校との連携について学ぶ。 3．社会資源との連携事例について読み，理解する。	1．ケース会議に出席し多職種連携とチームアプローチに関して学び，社会福祉士の役割について学ぶ。	1．ケース会議に出席して多職種のそれぞれの役割について記述する。 2．ケース会議における会議録も記述する。	1．地域における児童相談所や学校等関係機関との会議に出席し，社会資源の活用や，それぞれの機関の役割について理解，報告する。

　ケース会議などへの出席，多職種の理解，その中で特に社会福祉士の役割について理解する。児童相談所や学校とどのように協働しているかについて，具

体的な事例を通しての検討し，地域資源の活用の実際等の理解，それらについて報告する。

6．当該実習先が地域社会の中で果たす役割の理解及び具体的な地域社会への働きかけ

達成目標：地域社会における実習施設・機関等の役割を説明することができる。地域住民や団体，施設，機関等に働きかけることができる。

SW 実践の場の 理解に関する内容	SWr の 理解に関する内容	SW 実践の 理解に関する内容	SW 実践の 理解に関する内容（発展的）
1．施設における地域支援担当職員の役割について理解する。 2．ショートステイやフォスタリングなど地域教育の活動内容について理解する。	1．小中学校への訪問など施設の担当職員に同行し，地域関係施設・機関との協働について，理解を深める。 2．ショートステイやフォスタリングなど地域支援事業の理解。	1．学校及び児童相談所，地域社会との連携を強化し，社会的に開かれた施設運営の実践について理解，概要をまとめる。	1．ボランティア等への聞き取り結果を考察し，プレゼンテーションする。 2．地域子育て支援事業に関する概要を報告する。

　教育に含むべき事項6においては，社会福祉法人及び児童養護施設による地域活動・支援事業の取り組みについて学ぶ。施設では，地域の方々との関わりを持ちながら子育て支援を行っていくことを目的に地域支援担当職員を配置し，地域との連携を強めている。また，ショートステイやフォスタリングなど地域教育事業の実施，さらに地区子ども会への参加，小中学校の役員を引き受けて活動するなど，地域における子育て支援にいかにとりくんでいるか，具体的に理解する。さらに学校及び児童相談所，地域社会との連携を強化し，社会に開かれた施設運営の実践について検討する。

7．地域における分野横断的・業種横断的な関係形成と社会資源の活用・調整・開発に関する理解。

達成目標：地域における分野横断的・業種横断的な社会資源について説明し，問題解決への活用や新たな開発を検討することができる。

SW 実践の場の 理解に関する内容	SWr の 理解に関する内容	SW 実践の 理解に関する内容	SW 実践の 理解に関する内容（発展的）
1．地域のネットワークやアウトリーチのあり方について学び，実習指導者に報告する。 2．ボランティアの役割についても活動ごとに整理して考察する。	1．地域における児童関係の資源マップ作りを行う。社会福祉士の役割について学び，記述する。	1．地域における施設の役割を理解し，その内容を整理し，実習指導者に報告する。	1．支援計画における社会資源の活用について検討し，発表する。 2．地域における新たな社会資源を開発する。

　実習生は教育に含むべき事項6の学びの上に，7として，地域におけるネットワークやアウトリーチの手法を学ぶ。さらに児童に関わる地域の資源マップを作成し，それを踏まえて実習生が必要と考える新たな資源マップを作成し，

資源の開発について検討する。このような作業を通じて，地域の資源やネットワークのあり方，社会福祉士の役割について具体的に学ぶ。

8．施設・事業者・機関・団体等の経営やサービスの管理運営の実際（チームマネジメントや人材管理の理解を含む）

達成目標：実習施設・機関等の経営理念や戦略を分析に基づいて説明することができる。実習施設・機関等の法的根拠，財政，運営方法等を説明することができる。教育に含むべき事項8では，施設長や管理者から法人理念や行動指針についての説明を聞く。また，里親支援・育成のための取り組みや職員の研修制度についての理解を進める。

SW 実践の場の 理解に関する内容	SWr の 理解に関する内容	SW 実践の 理解に関する内容	SW 実践の 理解に関する内容（発展的）
1. 施設の理念・運営方針などの説明を受け，理解し，内容を整理する。 2. 施設の財源など経営について説明を受ける。 3. 里親支援・育成プログラムを理解する。	1. 施設の運営理念を実現するには，どのような環境整備が必要か，経営をしていくにはどのような工夫が必要か，その中で社会福祉士の役割について考え，実習指導者に報告する。 2. 里親支援・育成プログラムを実践するためにはどのようなことが必要か，検討する。	1. 運営理念が実践にどのようにつながるかの理解をすすめ，内容を整理する。 2. 職員研修制度全体を具体的に理解できるようにする。	1. 児童相談所や学校などとの連携の中で実践をしていくための取り組みの工夫について，検討し，提案する。 2. 里親支援プログラムを具体的に検討し，発表する。

　法人理念や行動指針のみならず，施設経営について，児童の生活の質との関連性，里親支援・育成プログラムやショートステイ・一時保護等について説明を受け，理解する。さらに施設の運営理念を実現するには，どのような環境整備が必要か，その中で社会福祉士の役割について考え，実習指導者に報告する。

9．社会福祉士としての職業倫理と組織の一員としての役割と責任の理解

達成目標：実習施設・機関等における社会福祉士の倫理に基づいた実践及びジレンマの解決を適切に行うことができる。実習施設・機関等の規則等について説明することができる。教育に含むべき事項9においては，社会福祉士の職業倫理と倫理的ジレンマについて，検討する。

SW 実践の場の 理解に関する内容	SWr の 理解に関する内容	SW 実践の 理解に関する内容	SW 実践の 理解に関する内容（発展的）
1. 支援の場面でどのような倫理的ジレンマが生じることがあるか，の構造を検討する。 2. 児童養護施設における社会福祉士の倫理を学ぶ。	1. 倫理的ジレンマの事例の検討の中で，チームアプローチの中で社会福祉士が，なぜジレンマ状態に陥るのか，検討する。	1. 倫理的ジレンマにおける解決方法を事例を用いて検討する。	1. 児童養護施設における倫理的実践の重要性と，倫理的ジレンマについての理解，それを解決する方法について，提案する。

　ここでは，支援の場面をとらえて児童養護施設における専門職倫理と，倫理的ジレンマがどのように生じるのか，考察する。さらに倫理的ジレンマの解決

第3章　実習プログラミング

方法を検討する。

10. アウトリーチ・ネットワーキング・コーディネーション・ネゴシエーション・ファシリテーション・プレゼンテーション・ソーシャルアクションについて目的，方法，留意点について説明することができる

　1から9までの学びを通じて，それぞれの援助技法の理解，実際に活用して，振り返るなどの取り組みを行う。

Ⅱ．学生の事前学習内容

　学生の事前学習については，次の通りである。

・施設のホームページや文献を参照し，児童養護施設の機能を理解する。テキストなどで社会的養護が必要な児童への理解を深める。教育に含むべき事項→1，2，3，4，5，6

・バイスティックの7原則をよく読み，理解する。ジェノグラム，エコマップを学習する。生活場面面接について理解する。教育に含むべき事項→1，2，3

・ニーズアセスメント，支援計画の書き方などを学ぶ。教育に含むべき事項→1，2，3

・里親制度，児童相談所など，児童福祉に関連する制度の理解。教育に含むべき事項→8

・エンパワメントやアドボケイトの用語の理解，児童虐待の支援マニュアルを読む。教育に含むべき事項→5，6

・児童養護施設におけるボランティア活動に関して学ぶ。→5，6，7

・施設が参加している各種の多職種連携会議や，関係機関を調べる。関係する職種や機関に関して調べ，理解を深める。教育に含むべき事項→3，5，6，7，8

・社会資源マップ作りを行う。社会資源開発（ソーシャルアクションに）について文献で学ぶ。教育に含むべき事項→6，7

・倫理的ジレンマに関する事例（事例集などで）を読む。教育に含むべき事項→9

・アウトリーチ・ネットワーキング・コーディネーション・ネゴシエーション・ファシリテーション・プレゼンテーションを理解し，説明できる。教育に含むべき事項→1，2，3，4，5，6，7，8，9，10

Ⅲ．考　　察

　Ⅰで，基本実習プログラムに関して，児童養護施設二葉学園の事例をもとに考察した。二葉学園は，①児童養護施設，地域子育て支援事業（ショートステイ・一時保護）の実施，②里親啓発・育成・支援活動について積極的に実践し

ている施設である。これらを通して，地域社会における児童養護施設の役割，社会福祉士の専門性，児童相談所や市町村こども家庭センター，関連機関の役割や機能，さらに多職種連携や，エンパワメント，アドボケイトなどソーシャルワーク実践を段階的に，また総合的な学びができるように進めていく。当該施設は地域社会における活動も活発で，地域の方々との関わりを持ちながら地域と協働して社会的養育を進めていくことを目指している。具体的には地域に分散したグループホームとすることによって，学校及び児童相談所，地域社会との連携を強化し，地域社会で協働して家庭的養育を行っている。児童福祉を総合的な視点から学ぶことができる内容であり，学生は，新たな視点を得て学びを深めることができる。

【社会福祉法人　ベテスダ奉仕女母の家かにた婦人の村】

Ⅰ．基本実習プログラムの事例

　ここでは社会福祉法人ベテスダ奉仕女母の家かにた婦人の村（千葉県館山市）を一つの事例として基本実習プログラムの作成を通して新カリキュラムにおける実習プログラムについて検討したい。

　社会福祉法人ベテスダ奉仕女母の家かにた婦人の村は，困難な問題を抱える女性への支援に関する法律（令和6年4月1日施行）第12条で規定される女性自立支援施設であり，「性的な被害や家庭の状況，地域社会との関係性等の様々な事情により日常生活又は社会生活を円滑に営む上で困難な問題を抱える女性，（そのおそれのある女性を含む）」の保護を行うとともに，その心身の健康の回復を図るための医学的又は心理学的な援助を行い，及びその自立の促進のためにその生活を支援し，あわせて退所した者について相談その他の援助を行うことを目的とする施設である。1965年の開設以来，全国から支援を求めてくる人・支援が必要な人を受け入れ，支援を展開している。

　以下，社会福祉法人ベテスダ奉仕女母の家かにた婦人の村で作成された基本実習プログラムをもとに，女性支援施設における，新カリキュラムの実習プログラムをみていく。

※以下の表では，横軸にくる構成要素の「ソーシャルワーク実践の場の理解」を"場"，「ソーシャルワーカーの理解」を"SWr"，「ソーシャルワーク実践の理解」を"実"，「ソーシャルワーク実践の理解（発展的）」を"発"という略称を用いる。

1．利用者やその関係者（家族・親族，友人等），施設・事業者・機関・団体，住民やボランティア等との基本的なコミュニケーションや円滑な人間関係の形成

　教育に含むべき事項1を達成するために，利用者と職員（ソーシャルワーカー）

第3章　実習プログラミング

SW 実践の場の 理解に関する内容	SWr の 理解に関する内容	SW 実践の 理解に関する内容	SW 実践の 理解に関する内容（発展的）
1. 施設の成り立ちやどのような人たちを対象としている施設なのかを「かにた婦人の村創立50周年誌」を読み整理する。また，説明を受け，質問する。 2. 施設が提供するサービス・施設において生活するうえで必要となる施設外サービスについて説明を受ける。 3. 利用者とコミュニケーションをとりながら，話を聞く。 4. 利用者が取り組む作業の意義・手順等の説明を受ける。	1. 職員が利用者と会話（言語コミュニケーション）している様子を観察し，実習記録に整理する。 2. 職員が利用者とジェスチャー等の非言語コミュニケーションを用いて関わっている様子を観察し，実習記録に整理する。 3. 職員が行う作業準備や利用者への作業提供，手順の説明をしている様子を観察し，実習記録に整理する。	1. 職員，利用者に挨拶・自己紹介をする。 2. 利用者や施設職員，関係機関，ボランティア，地域住民等に自ら挨拶・自己紹介をする。 3. 利用者とのコミュニケーションを展開させるために，自ら話しかけたり，作業等について質問をする。 4. 職員から利用者が行う作業について説明を受け，作業を体験する。 5. その日の利用者の様子を他の職員と共有する。	1. 相手の話の意図をくみ取り，気持ちを想像しながら会話をする。 2. 必要に応じて，時と場所を考慮して，職員に相談する。 3. 職員から利用者が行う作業について説明を受け，作業を体験するとともに，なぜこの作業を行うのか観察・検討する。 4. 利用者に作業手順を説明する。 5. その日の利用者の様子を他の職員と共有するとともに行動について検討し，実習記録に整理する。

のコミュニケーションを観察し，実習指導者から利用者とのコミュニケーションについて説明を受ける。この実習内容により，ソーシャルワーク実践におけるコミュニケーション方法を学ぶ。利用者の年齢層は幅広く若年から高齢の利用者までおり，ADL にも違いがある。そのため生活空間を利用者の状況にあわせて変えている。さらには，様々な生活歴を有している人が入所しており，トラウマを抱えて入所してくることも多い。そのような人にソーシャルワーカーがどのように関わり，利用者と関係性を構築しているのか理解を深める。

2. 利用者やその関係者（家族・親族，友人等）との援助関係の形成

SW 実践の場の 理解に関する内容	SWr の 理解に関する内容	SW 実践の 理解に関する内容	SW 実践の 理解に関する内容（発展的）
1. 生活場面面接と構造化面接の特徴と，施設での日常的な職員と利用者との会話の目的について説明を受け，実習記録にまとめる。	1. ソーシャルワークの技法について事前学習の内容を実習指導者に報告する。 2. 職員と利用者との面接を観察し，実習記録にまとめる。 3. （1のSWr 2）の実習内容と共通。 4. 職員が利用者と生活場面面接を行っている様子や利用者と関わっている様子を観察して，ソーシャルワークの技法に基づく言動を実習記録にまとめる。 5. ケース検討対象の利用者（以下，対象者）に同意を得るために実習指導者が説明をしている場面に同席し，観察する。	1. （1のSWr 3）の実習内容と共通。 2. 関わり技法（視線，表情等）を用い，意図を持って利用者と話をする。 3. 基本的傾聴技法，（言い換え，閉ざされた質問，開かれた質問等）を用い，意図を持って利用者と話をする。 4. 職員が利用者とジェスチャー等の非言語コミュニケーションを用いて関わっている様子を観察し，利用者の非言語の表出の要因やその意味を考える。	1. ソーシャルワークの技法を用い利用者と関わる。 2. 実習生自身の対象者との関わりを，バイスティックの7原則等の援助技法を基に自己評価し，自己理解を深める。

　教育に含むべき事項2を達成するために，相談受理の方法や支援開始までの過程を，事例をもとに学ぶ。また，ソーシャルワーカーが援助関係の形成にお

いて大切にしている点について実習指導者より説明を受ける。実習生は，学んだことを実習記録に整理し，実習指導者に報告する。また，ソーシャルワーク実践の理解に関する内容（発展的）では，利用者とともに作業や食事という日々の継続的な関わりを行う中で，どのように援助技法を用いるのかを実際に体験し，援助関係の形成を目指す。

3. 利用者や地域の状況を理解し，その生活上の課題（ニーズ）の把握，支援計画の作成と実施及び評価

SW 実践の場の 理解に関する内容	SWr の 理解に関する内容	SW 実践の 理解に関する内容	SW 実践の 理解に関する内容（発展的）
1. 施設における施設長や副施設長，その他の職員の役割等について，事前学習の内容を実習指導者に報告する。 2. 困難な問題を抱える女性の支援に関する法律（女性支援法）について説明を受ける。 3. （2 の場 1.）の実習内容と共通。	1. 実習指導者から個別支援計画作成の留意点について説明を受ける。 2. アセスメントからモニタリング及び評価までのプロセスについて事前学習の内容を報告する。 3. ケース記録等，過去の資料を閲覧する。 4. （1 の SWr 2）の実習内容と共通。 5. （2 の SWr 3）の実習内容と共通。 6. 個別支援計画作成の担当者会議に同席し，参加者の役割を観察し，個別支援計画作成のプロセスを踏まえ，施設指定の会議録を作成する。	1. 対象者について，施設内での様子や交友関係等を職員から聞き取る。 2. 利用者に対してアセスメントを実施する。 3. アセスメント結果をもとにのプロセスレコードを作成する。 4. 収集した情報を基にジェノグラム，エコマップ等作成する。 5. アセスメント対象者の障害支援区分や要支援・要介護度及びそのアセスメントに関わる専門職にインタビューを行う。 6. 公共交通機関や社会資源等を把握するため周辺のフィールドワークを行う。 7. アセスメント結果から利用者ニーズとストレングスを整理し，実習指導者に報告する。また，実習記録にその旨まとめる。 8. 個別支援計画を作成し，担当者会議を実施する。 9. 個別支援計画の実施について他の職員に説明し，必要に応じて支援者会議等で協力を求める。 10. 個別支援計画の実施に向けて環境や物など必要な準備を整える。 11. 個別支援計画を実施する。 12. モニタリング及び評価を行う。 13. 施設職員にケース研究報告を行う。	1. 対象者に合った面接方法を探すために複数回アセスメント面接を実施する。 2. 収集した情報をアセスメント 16 項目に基づいて整理し，分析する。 3. モニタリング内容を踏まえ，個別支援計画を修正し，再び実施，評価をする。

　教育に含むべき事項 3 を達成するために，SW 実践におけるアセスメントの視点と枠組みと支援計画作成・実施・評価までのプロセスを，事例をもとに学ぶ。

　さらには，社会福祉法人ベテスダ奉仕女母の家かにた婦人の村と地域の関わりについてフィールドワークを通して学びを深め，メゾ・マクロレベルでのソーシャルワーク実践を学ぶ。

第3章　実習プログラミング

4. 利用者やその関係者（家族・親族，友人等）への権利擁護活動とその評価

SW 実践の場の 理解に関する内容	SWr の 理解に関する内容	SW 実践の 理解に関する内容	SW 実践の 理解に関する内容（発展的）
1. 実習施設に関係する法律について，事前学習の内容を実習指導者に報告する。 2. 施設での権利擁護の取り組み事例の説明を受ける。 3. 虐待防止委員会の設置義務や，委員会の取り組みについて説明を受ける。 4. 利用者への理解を促進するための取り組みについて説明を受ける（施設外作業，館外活動，社会福祉士養成校での講義等）。	1. 職員の利用者との関わりから権利擁護に基づく行動を実習記録に記す。 2. 自己決定の支援プロセス（意思形成支援，意思表出支援）について説明を受ける。 3. 施設内での日常的に行っている，職員が利用者の自己決定の支援をしている。 4. 虐待防止委員会に同席し，そこで委員会メンバーが何を話し合っているのか観察し，内容を実習記録に記す。 5. 利用者との施設外作業や館外活動の引率職員の役割を観察し，留意点を考え，実習記録に記す。	1. 対象者のアセスメント結果からストレングスを考え，実習指導者に報告する。 2. 利用者に合った合理的配慮を考え，実習指導者に報告する。 3. 利用者と権利擁護を意識した関わりをする（言葉遣い等）。 4. 施設内で日常的に行っている利用者の自己決定支援を行い，実習記録に記す。 5. 虐待防止委員会に参加し，そのときの課題について，自分の意見を述べる。 6. 施設外作業や館外活動に参加し，知的障害者への理解促進を意識した行動を実践し，実習指導者に報告する。	1. 施設内で利用者に権利侵害が生じていると思うことについて実習指導者に報告し，実習指導者と一緒に改善策を検討する。 2. 利用者が自己決定する場面において，より自己決定しやすくなるよう工夫して支援し，実習指導者と評価を行う。 3. 虐待防止に関わる研修を企画して実習指導者に報告する。 4. 施設の実践の評価や，知的障害者の理解を促進させる取り組みを考え，実習記録に記し，実習指導者に報告する。

　教育に含むべき事項4を達成するために，社会福祉法人ベテスダ奉仕女母の家かにた婦人の村での権利擁護の取り組み事例や権利擁護に関してソーシャルワーカーがどのように実践を行っているのか実習指導者から説明を受ける。また，利用者の意思形成支援・意思表出支援・意思決定支援について事例を通して考え，考察を実習記録にまとめ，実習指導者に報告する。

5. 多職種連携及びチームアプローチの実践的理解

SW 実践の場の 理解に関する内容	SWr の 理解に関する内容	SW 実践の 理解に関する内容	SW 実践の 理解に関する内容（発展的）
1. 施設の委員会等の役割分担表を見て，説明を受ける。 2. 施設内の各職種について説明を受ける。 3. 女性自立支援法についての事前学習の内容を報告する。 4. 関係機関について，事前学習の内容を実習指導者に報告し，役割や連携について説明を受ける。 5. 法人内の業務内容の説明を受ける。	1. 実習指導者と他の職員が情報共有している場面を観察する。 2. 各職員が担う役割について，業務等を職員に聞き取り，実習記録に記す。 3. 会議や職員会議等に同席し，そこで実習指導者の役割を観察し，実習記録に記す。 4. 支援者会議やその他の会議に同席し，職員の役割を観察し，実習記録に記す。 5. 関係機関等の電話連絡の場面に同席し，職員が何に配慮して電話しているかを観察し，実習記録に記す。 6. （3のSWr 6）の実習内容と共通。	1. （3の実1）の実習内容と共通。 2. 職員に利用者の様子や作業の進捗等を報告する。 3. チームの一員として，職員から利用者支援について意見を求められたときに，自分の意見を伝える。 4. （3の実9）の実習内容と共通。 5. 実習生自身で職場の情報共有メールを作成し，送る。 6. 支援者会議や会議に参加し，会議録を作成し，実習指導者に報告する。	1. 実習指導者や他の職員への報告方法やタイミングが適切であったか，実習指導者と検討する。 2. 実習生自身が施設内での支援者会議の必要性を感じた時に，実習指導者と一緒に会議を企画，運営を行う。

　教育に含むべき事項5を達成するために，社会福祉法人ベテスダ奉仕女母の

家かた婦人の村における多職種連携とチームアプローチについて実習指導者より説明を受けるとともに，会議等の場面を実際に観察する。また，社会福祉法人ベテスダ奉仕女母の家かた婦人の村は長期の女性自立支援施設であり，「地域」とのつながりを大切に日々の活動を実施している。施設外の支援者や住民等との連携の実際についても実習指導者等から説明を受け，あるいは電話連絡の場に同席し，職員が何に配慮してるかを観察し，学びを深める。

6．当該実習先が地域社会の中で果たす役割の理解及び具体的な地域社会への働きかけ

SW 実践の場の 理解に関する内容	SWr の 理解に関する内容	SW 実践の 理解に関する内容	SW 実践の 理解に関する内容（発展的）
1．施設が地域から請け負っている作業内容の説明を受ける。 2．施設と委託作業や取引先のつながりについて説明を受ける。 3．地域ボランティアの受け入れの概況（人数，頻度，役割等）について説明を受ける。	1．地域から請け負っている作業に同行し，職員が地域住民とどのように関わっているか観察する。 2．委託作業の打ち合わせに同席し職員の様子を観察し，実習記録に記す。 3．地域ボランティアと利用者の関わりに介入する職員の様子を観察し，職員の役割を考え，実習記録に記す。	1．委託作業の打ち合わせ内容について報告書を作成し，実習指導者に報告する。 2．地域ボランティアと会話をして，今後の課題を考察し，実習記録に記す。 3．地域ボランティアと今後の課題について意見交換をする。	1．地域ボランティア受け入れに関する課題解決に向けた取り組みを企画する。

　　教育に含むべき事項6を達成するために，教育に含むべき事項5の実習内容と重なる部分もあるが，地域から委託を受けた作業や地域ボランティアの受け入れ状況について職員から説明を受ける。実際に地域の取引先やボランティアとの関わりや打合せの場面に同席して観察し，職務の役割について学びを深める。また地域ボランティアと課題について意見交換を行い解決に向けた取り組みを企画する。

7．地域における分野横断的・業種横断的な関係形成と社会資源の活用・調整・開発に関する理解

SW 実践の場の 理解に関する内容	SWr の 理解に関する内容	SW 実践の 理解に関する内容	SW 実践の 理解に関する内容（発展的）
1．多機関との合同研修について説明を受け，研修の映像を観る。 2．各種教育機関からの施設見学の実績について説明を受ける。 3．職員が社会福祉士養成校等の学校に出向き，後進のために行っている活動について説明を受ける。	1．多機関との合同研修に向けた打ち合わせに同行し，職員の様子を観察し，職員の役割を考え，実習記録に記す。 2．施設見学に同席し，職員の様子を観察し，見学対応の留意点を考察し，実習記録に記す。	1．連携先についてもホームページ等で調べた上で，合同研修に向けた打ち合わせ及び合同研修に参加する。	1．多機関との合同研修を企画し実習指導者に報告する。 2．施設で行う後進育成，施設見学の企画を考え，実習指導者と意見交換を行う。

　　教育に含むべき事項7を達成するために，社会福祉法人ベテスダ奉仕女母の

第3章　実習プログラミング

家かいた婦人の村が連携している地域の社会資源についても理解を深める必要
がある。実習生は事前学習の時から社会資源について施設の広報等や資料，連
携先のホームページを参考に整理する。また，実習開始後は事前学習でまとめ
た内容を実習指導者等に報告し，各機関との合同研修等を企画して実習指導者
に報告するなど，地域における分野横断的・業種横断的な関係形成について意
見交換を行う。

8. 施設・事業者・機関・団体等の経営やサービスの管理運営の実際（チーム マネジメントや人材管理の理解を含む）

SW実践の場の 理解に関する内容	SWrの 理解に関する内容	SW実践の 理解に関する内容	SW実践の 理解に関する内容（発展的）
1. 社会福祉法人の法的根拠・役割についての説明を受ける。 2. 職員役割分担表を基に間接的支援業務（職員育成等）について説明を受ける。 3. 女性自立支援法の利用手続きについて説明を受ける。 4. 事業種別，定員，職員構成など，事前学習の確認を行う。 5. 施設運営（財務・労務・人材・施設管理等）について説明を受ける。 6. 施設の危機管理（感染症対策，事故対応，業務マニュアル，苦情対応等）について説明を受ける。 7. 施設財務について説明を受ける。	1. 社会福祉法人に期待される役割，そこでの社会福祉士の役割をまとめ，実習記録に記す。 2. 施設内の間接支援業務のなかで，SWrが担っている業務を抽出し，役割や機能について実習記録に記す。	1. 社会福祉法人として公益性，透明性を意識した施設内の取り組みを抽出して実習指導者に報告する。 2. （3の実5）の学習内容と共通。 3. 施設の利用者について説明を受ける。 4. 施設で作成している職員の業務マニュアルを基に，施設内の危機管理につながる取り組みを自ら実践する。	1. 施設で作成している職員業務マニュアルについて，課題を抽出し，改善点等について管理者と意見交換をする。 2. 工賃向上計画を客観的に評価し，強みや課題を抽出して作業担当者との意見交換をする。 3. 事業所の特色，強み，課題を評価し，管理者との意見交換を行う。

　教育に含むべき事項8を達成するためには，女性自立支援施設の法的根拠と
役割等について，実習生は事前学習の時から学び，情報を整理する必要がある。
その上で，実習指導者等から社会福祉法人ベテスダ奉仕女母の家かいた婦人の
村の運営（財務・労務・人材・施設管理等），危機管理（感染症対策，事故対応，業
務マニュアル，苦情対応等）等について説明を受ける。また，施設が展開する多
様な事業を理解し，それぞれの強み，課題を評価して各事業の管理者と意見交
換を行う。

9. 社会福祉士としての職業倫理と組織の一員としての役割と責任の理解

　教育に含むべき事項9を達成するためには，ソーシャルワーカーがよりどこ
ろとする倫理綱領について，実習生は事前学習の時から学び，理解を深める必
要がある。また，ソーシャルワーク実践における倫理的ジレンマについて事例
をもとに説明を受け，事例からソーシャルワーカーが組織で果たす役割と責任

SW 実践の場の 理解に関する内容	SWr の 理解に関する内容	SW 実践の 理解に関する内容	SW 実践の 理解に関する内容（発展的）
1. 施設が社会福祉士の倫理に基づいた実践を行う場であることの説明をする。 2. （4の場5）の実習内容と共通。 3. 法人の就業規則（服務規定，個人情報保護規定等）を読み，説明を受ける。 4. 秘密保持のための取り組み（文章，メール等の取り扱い方）について説明を受ける。	1. 実習指導者のタイムスタディを行い，倫理綱領に基づいた行動を抽出し，記録する。 2. 法人の就業規則を読んだ上で，職員も立ち振る舞い等を観察し，実習指導者に報告する。 3. （5のSWr 1）の実習内容と共通。	1. 施設でのジレンマ事例について，倫理綱領に基づいた行動を考察し，実習指導者と意見交換をする。 2. 翌日の勤務（実習）開始時間を確認する。 3. 実習開始時間に間に合うように出勤し，ミーティングに参加する。 4. 勤務時間（実習時間）の計算を行う。 5. 実習中に作成した文章や課題，資料等を必要な物と不要なものに分け，不要な物はシュレッダーで破棄する。	1. 実習中に感じたジレンマを抽出し，どこにジレンマが生じているのか，どのように感じているのか等を実習指導者に説明する。 2. 実習中に感じたジレンマについて，倫理綱領に基づいた行動を考察し，実習指導者と一緒にジレンマの解決策について意見交換をする。 3. （1の発2）の実習内容と共通。

について実習記録に考察をまとめる。まとめをもとに実習指導者に報告し，振り返りを行う。

10. 以下の技術について目的，方法，留意点について説明することができる

達成目標：用語の意義，目的，機能，方法について調べる

　教育に含むべき事項10を達成するために，社会福祉法人ベラスタ奉仕女母の家かにた婦人の村の取り組みの中から，アウトリーチ・ネットワーキング・コーディネーション・ネゴシエーション・ファシリテーション・プレゼンテーション・ソーシャルアクションをとりあげ，ソーシャルワーク実践においてなぜ重要となるのか考察する。また，実習中に上記技法を用いたソーシャルワーク実践を実習生が展開する。

Ⅱ．実習生の事前学習内容

　実習施設・機関の法的根拠となる法律について整理するとともに，社会福祉法人ベラスタ奉仕女母の家かにた婦人の村の取り組みや特徴，地域社会とのつながりについて事前学習する必要がある。また，ソーシャルワーカーがよりどころとする倫理綱領や援助技術について振り返りを行い，机上の理論ではなく実践場面を想定した理解を心がける必要がある。

Ⅲ．考　　察

　社会福祉法人ベテスダ奉仕女母の家かにた婦人の村における新カリキュラムに基づく実習プログラムについてみてきた。事前学習では社会福祉法人ベテスダ奉仕女母の家かにた婦人の村が設立された背景や経緯を学ぶ必要がある。そのうえで，宿泊実習を行い，日々の生活や作業をともにすることにより，利用者の理解を深める。また，それぞれの支援計画や経過等の記録を閲覧し，ニーズと支援方針・支援計画の違いについて学びを深める。とりわけ，利用者の年

齢層の幅が広いこと，生活歴も入所理由も様々であることから，いかに個々の
ニーズを理解し，利用者の思いを尊重し，よりよい意志決定に向けて支援を行
い，それぞれの自立につなげていくかについて検討する。この経験は将来専門
職を目指す学生にとって貴重な経験となる。

【新宿区立　かしわヴィレッジ】

Ⅰ．基本実習プログラムの事例

　ここでは東京都にある新宿区立かしわヴィレッジを一つの事例として，基本
実習プログラムの作成を通した，母子生活支援施設における新カリキュラムの
実習プログラミングをみていく。新宿区立かしわヴィレッジは母子生活支援施
設の業務として，補助保育，学童保育，学習支援等も行っている。以下，教育
に含むべき事項 1 から 10 までを参考に，具体的な実習内容に関してみていく。

1．利用者やその関係者（家族・親族，友人等），施設・事業者・機関・団体，住民やボランティア等との基本的なコミュニケーションや円滑な人間関係の形成

SW 実践の場の理解に関する内容	SWr の理解に関する内容	SW 実践の理解に関する内容	SW 実践の理解に関する内容（発展的）
1．職員やクライエント（以下，CL とは児童と母），地域住民の特性及びその人々との関わりの必要性について説明を受ける。 2．CL の日々の生活や職員による支援，取り組みについて，資料を読み，説明を受ける。また，それらについて，実習施設が地域や関係者に向けて，どのように発信しているか説明を受ける。	1．会議，プロジェクトチーム（以下，PT），カンファレンスに参加し，SWr を観察し，実習記録に記載する。 2．職員の CL との関わりにおける言語コミュニケーション・非言語コミュニケーションの使い分けを観察し，実習記録に記載する。 3．記録・HP 更新時等の留意点について説明を受ける。	1．職員や CL とかかわる場において挨拶や自己紹介を実践する。 2．言語コミュニケーション・非言語コミュニケーションを用いた CL への関わりを SWr とのロールプレイを通して実践する。	1．言語コミュニケーション・非言語コミュニケーションを用いた CL への関わりを実践する。 2．会議，PT，カンファレンスにおいて自分の考えを説明する。 3．報告会にて自身が作成した自立支援計画の内容について具体的に説明を行う。

　教育に含むべき事項 1 を達成するために，利用者（母子）と職員（ソーシャル
ワーカー）の関わり方を観察し，実習指導者から利用者とのコミュニケーショ
ンについて説明を受ける。この実習内容により，ソーシャルワーク実践におけ
るコミュニケーション方法を学び，どのように利用者と関係性を構築している
のか理解を深めることが可能となる。また，信頼関係を構築することの意味に
ついて学ぶとともに，母子が抱えている課題に向き合うことができるように支
援を行うプロセスについて事例を用いながら学ぶ。

2. 利用者やその関係者（家族・親族，友人等）との援助関係の形成

SW 実践の場の 理解に関する内容	SWr の 理解に関する内容	SW 実践の 理解に関する内容	SW 実践の 理解に関する内容（発展的）
1. 母子生活支援施設に入所するCLや家族の特性，傾向について説明を受ける。 2. 職員とCL，家族との関係構築の意義とその方法，施設全体の取り組みについて説明を受ける。	1. CLの特性や入所背景に基づいたSWrのアセスメント視点について説明を受ける。 2. 日常場面における職員とCLの生活場面面接を観察し，実習記録に記載する。	1. 言語コミュニケーション・非言語コミュニケーションをSWrとのロールプレイを通して実践する。 2. 職員のCLとの問題解決に向けた関わり場面を観察し，説明を受ける。 3. 今後の援助過程について検討・報告し，職員より指導を受ける。	1. 自身のCLへの関わりの実践において，特性や課題の異なるCLへの関わり方の違いを説明する。 2. 自立支援計画を作成したCL（以下，対象児）との信頼関係構築に向けた関わりを実践する。

　　教育に含むべき事項2を達成するために，利用者（母子）等との援助関係の形成方法，相談受理の方法，支援開始までの過程を，過去の事例をもとに学ぶ。また，利用者（母子）との援助関係の形成の前提としてソーシャルワーカーが利用者の特性や入所背景をいかに理解するかについて実習指導者より説明を受ける。

3. 利用者や地域の状況を理解し，その生活上の課題（ニーズ）の把握，支援計画の作成と実施及び評価

SW 実践の場の 理解に関する内容	SWr の 理解に関する内容	SW 実践の 理解に関する内容	SW 実践の 理解に関する内容（発展的）
1. 乳幼児，児童，世帯（母親）の台帳を閲覧し，CLの特性や課題について説明を受ける。 2. 事業報告書等を閲覧し，法人及び施設の役割について説明を受ける。 3. 施設及び法人が取り組んでいる地域支援事業の概要ならびに活動の理念について説明を受ける。 4. 施設が策定している自立支援計画における参画過程，アセスメント会議による立案から評価に至るまでの展開過程について説明を受ける。 5. モニタリングの場面や方法，どのように読み取るかについて，説明を受ける。	1. CLの特性や入所前から現在に至るまでの成育歴とCLを取り巻く環境に基づいたSWrのアセスメントの視点について説明を受ける。 2. サービス調整会議や支援打合せ等に参加し，自立支援計画策定や見直しの展開過程を観察する。また，その場におけるSWrの役割を観察する。 3. 法人内のSW会議に参加し，法人の地域支援事業における地域のニーズについてSWrより説明を受ける。 4. 地域社会資源である母子生活支援関連施設や機関の訪問に同行する。	1. 自立支援計画に向け，対象児のニーズを把握するためのCLとの関わりを実践する。また，SWr・心理士等各専門職へヒアリングを行う。 2. 自立支援計画作成に向け，対象CLのニーズや課題の整理を行う。 3. 地域支援事業の同行を通し地域支援にニーズを考察し，実習日誌に記載する。 4. 地域支援おけるCLの課題や問題解決に向けた目標（地域アセスメント）を考察し，実習日誌に記載する。	1. 自立支援計画を作成し，計画に基づいた援助を実践する。 2. 計画に基づいた援助の実践について実習報告会にて説明をする。 3. 自立支援計画作成から評価までの一連の流れを実習指導者との報告会にて報告し，実習指導者より評価を受ける。 4. 地域支援におけるニーズや，CLのアセスメントについて実習指導者との報告会に報告し，実習指導者より評価を受ける。

　　教育に含むべき事項3を達成するために，SW実践におけるアセスメントの視点と枠組み，支援計画作成・実施・評価までのプロセスを学ぶ。また，母子生活支援施設の入所理由や特性・課題とこれに対応する施設の役割について実習指導者から説明を受ける。そのうえで，アセスメントの視点と自立に向けて必要となるサービスについて検討し，学ぶ。さらには，地域の母子支援関連施

設や機関の訪問に同行し，地域ニーズや支援及び地域ネットワークについて学びを深め，メゾ・マクロレベルでのソーシャルワーク実践を学ぶ。

4. 利用者やその関係者（家族・親族，友人等）への権利擁護活動とその評価

SW 実践の場の 理解に関する内容	SWr の 理解に関する内容	SW 実践の 理解に関する内容	SW 実践の 理解に関する内容（発展的）
1. CL の意見表明やアドボケイトについての法人としての取り組みや支援内容について報告を受ける。 2. 苦情解決システム，第三者委員会制度，第三者評価の概要について説明を受ける。	1. 施設の運営会議等に同席し，CL の意見表明やアドボケイト・意見調整を職員がどのように実践しているか観察する。 2. 日常場面において，職員のエンパワメントの視点に基づいた CL への支援実践を観察する。	1. CL へのエンパワメントの視点に基づいた支援について過去事例を基に考察し，実習日誌に記載する。 2. 考察した内容を SWr とのロールプレイを通して実践する。	1. CL へのエンパワメントの視点に基づいた支援を実践する。 2. 考察した内容を SWr とのロールプレイを通して実践する。

　教育に含むべき事項 4 を達成するために，新宿区立かしわヴィレッジでの意見表明やアドボケイトの取り組みなど，権利擁護に関してソーシャルワーカーがどのように実践を行っているのか事例をもとに実習指導者から説明を受ける。また，実践を観察して学んだことの考察を実習記録にまとめ，実習指導者に報告する。

　その上でエンパワメントの視点に基づいた支援のロールプレイや実践を行う。

5. 多職種連携及びチームアプローチの実践的理解

SW 実践の場の 理解に関する内容	SWr の 理解に関する内容	SW 実践の 理解に関する内容	SW 実践の 理解に関する内容（発展的）
1. 多職種の機能と役割，各種会議の機能と役割について説明を受ける。 2. 法人内における各職種の連携や協働の実践について説明を受ける。 3. 法人と地域社会資源との連携や協働の実践について説明を受ける。	1. 多職種の機能と役割，各種会議の機能と役割について説明を受ける。 2. 法人内における各職種の連携や協働の実践について説明を受ける。 3. 法人と地域社会資源との連携や協働の実践について説明を受ける。	1. 各種会議・ケース検討会に参加し，考察した自分の意見を実習指導者との振り返りの場で伝える。 2. 各種会議・ケース検討会に参画し，会議録を作成し，実習指導者へ報告する。	1. 各種会議・ケース検討会に参加し，意見を求められた際には自分の意見を発表する。 2. 実習報告会の実施において準備・ファシリテーターを担当する。 3. チームアプローチの場面を観察し，チームにおける SWr の役割と合意形成の留意点を実習指導者へ報告する。

　教育に含むべき事項 5 を達成するために，新宿区立かしわヴィレッジにおける多職種連携とチームアプローチについて実習指導者より説明を受けるとともに，会議等の場面を実際に観察し学びを深める。また，関係機関との連携の実際についても実習指導者等から説明を受け，理解を深める。

6. 当該実習先が地域社会の中で果たす役割の理解及び具体的な地域社会への働きかけ

SW 実践の場の 理解に関する内容	SWr の 理解に関する内容	SW 実践の 理解に関する内容	SW 実践の 理解に関する内容（発展的）
1. 事業報告書等を閲覧し，法人・施設の役割について説明を受ける。 2. 法人・施設が取り組んでいる地域支援事業の概要ならびに活動の理念について説明を受ける（地域支援）。 3. 法人の CL と地域とのつながりについて説明を受ける（利用者への支援）。	1. 法人の SW 会議に参加し，法人の地域支援事業において SWr が行っている実践内容について説明を受ける。 2. SWr の実際の活動を観察するため，母子生活支援関連施設や機関の訪問に同行する。また，そこでの SWr と CL との関わりを観察し，実際の援助の説明を受ける	1. 地域支援事業の説明や同行から地域支援におけるニーズを実習指導者との検討会にて考察する。 2. 実習指導者とのロールプレイで地域における CL への援助場面を実践する。 3. 実習指導者（＝行政職員・教員・法人が連携している地域支援従事者等の役を担う）とのロールプレイを通して地域支援の問題解決に向けた関係構築過程を実践する。	1. 考察した地域支援におけるニーズについて，当法人の立場での支援展開を検討し，報告書を作成する。また，実習指導者との報告会において発表する。 2. 母子家庭支援関連施設や機関の訪問に同行し，地域における CL への援助場面を実践する。

　　教育に含むべき事項 6 を達成するために，新宿区立かしわヴィレッジが取り組んでいる地域生活支援事業の概要とそれらを行う意味について実習指導者から説明を受け，理解を深める。関連施設や機関の訪問に同行し，地域における援助場面について，実践的に学ぶ。

7. 地域における分野横断的・業種横断的な関係形成と社会資源の活用・調整・開発に関する理解

SW 実践の場の 理解に関する内容	SWr の 理解に関する内容	SW 実践の 理解に関する内容	SW 実践の 理解に関する内容（発展的）
1. 法人の成り立ちからみる社会資源との関係形成のあり方について，当法人の基本方針の観点を基に説明を受ける。 2. 入所 CL の生活状況や法人の取り組む事業内容を踏まえて，社会資源の活用・開発の必要性について説明を受ける。	1. 行政や関係機関との連絡会，医療機関との連絡のなかでの SWr の役割について説明する。	1. 法人・施設が連携している社会資源を整理し，リストにまとめる。 2. 自立支援計画作成時，支援内容における社会資源の活用について考察し，自立支援計画に記載する。	1. 法人・施設が連携している社会資源とその内容について実習報告会にて説明する。 2. 自立支援計画作成における社会資源の活用と実習生が SWr の立場で留意する点を実習報告会にて報告する。 3. 新たな社会資源の開発について考察し内容を実習報告会にて報告し，実習指導者より評価を受ける。

　　教育に含むべき事項 7 を達成するために，行政や関連施設・機関，地域の社会資源について理解を深める。また，母子生活支援施設のシェルター機能について調べる。法人・施設が連携している社会資源を整理し，その内容についてまとめる。自立支援計画作成時に社会資源の利用について記載し，また新たな社会資源の開発についても考察する。

第3章　実習プログラミング

8. 施設・事業者・機関・団体等の経営やサービスの管理運営の実際（チームマネジメントや人材管理の理解を含む）

SW実践の場の 理解に関する内容	SWrの 理解に関する内容	SW実践の 理解に関する内容	SW実践の 理解に関する内容（発展的）
1. 法人財務について説明を受ける。 2. 法人の事業計画書・報告書を閲覧する。 3. 児童福祉法や同法改正に基づく社会的養護を取り巻く制度の変化とそれに伴う現場の状況について説明を受ける。 4. 法人の作成した事業継続計画（以下，BCP）を閲覧する。 5. 各種会議におけるSWrの役割と会議の進行過程について説明を受ける。	1. 母子生活支援施設におけるチームマネジメントの必要性を踏まえ，法人でのチームマネジメントのためのSWrの実践について説明を受ける。 2. 母子福祉の制度を基にSWrの実践について説明を受ける。 3. 母子生活支援施設，地域支援事業におけるSWrの役割，位置づけについて財務の観点から説明を受ける。 4. BCPの現場での実践において財務の観点から説明を受ける。	1. 母子生活支援施設におけるチームマネジメントの必要性について考察し，実習記録に記載する。 2. 母子家庭を取り巻く制度について理解し，母子生活支援施設の今後のあり方やSWrが担う実践について考察し，実習記録に記載する。 3. 財務諸表を読み込み，法人の今後の事業計画を財務の観点から考察し，実習記録に記載する。	1. チームマネジメントの必要性について実習報告会にて報告する。 2. 母子家庭を取り巻く制度について実習報告会にて説明する。また今後のあり方やSWrの担う実践について考察したものを実習報告会にて報告する。 3. 今後の事業計画について実習生が考察した内容に対して実習指導者より評価を受ける。

　教育に含むべき事項8を達成するために，母子生活支援施設の法的根拠と役割等について，実習生は事前学習の時から学び，情報を整理する必要がある。そのうえで，実習指導者等から新宿区立かしわヴィレッジの運営（財務・労務・人材・施設管理等），危機管理（感染症対策，事故対応，業務マニュアル，苦情対応等）等について説明を受ける。母子家庭を取り巻く制度について理解し，母子生活支援施設の今後のあり方やソーシャルワーカーが担う役割について考察する。

9. 社会福祉士としての職業倫理と組織の一員としての役割と責任の理解

SW実践の場の 理解に関する内容	SWrの 理解に関する内容	SW実践の 理解に関する内容	SW実践の 理解に関する内容（発展的）
1. 法人の就業規則等の規制について閲覧し，説明を受ける。 2. 法人の個人情報保護のための取り組みついて説明を受ける。	1. 会議，アセスメント会議，日常場面におけるチームアプローチ場面・問題解決過程を観察する。 2. 母子生活支援施設における社会福祉士としての倫理についてSWrより説明を受ける。	1. SWrの実践における倫理的ジレンマが生じた場面についてSWrへのヒアリングを行い，実習記録に記載する。 2. 会議，ケース検討会議，日常生活場面に参加し，チームアプローチや問題解決過程におけるSWrの倫理判断に基づく行為を発見し，実習記録へ記載する。	1. SWrへのヒアリングから挙げられた倫理的ジレンマについて実習生自身の立場で考察（ジレンマの構造や解決法など）し，実習指導者へ説明する。 2. SWrの倫理判断に基づく行為について実習指導者へ説明する。 3. 各種委員会，ケース会議参加時，意見を求められた際にSWrの専門性や立場から発言を行う。

　教育に含むべき事項9を達成するために，ソーシャルワーカーがよりどころとする倫理綱領について，実習生は事前学習の時から学び，理解を深める必要がある。また，ソーシャルワーク実践における倫理的ジレンマについて事例をもとに説明を受け，ソーシャルワーカーが組織で果たす役割と責任について考

察する。打ち合わせ，ケース検討会議，日常生活場面に参加し，チームアプローチや問題解決過程におけるソーシャルワーカーの倫理判断に基づく行為について，理解を深める。

10．以下の技術について目的，方法，留意点について説明することができる
達成目標：用語の意義，目的，機能，方法について調べる

　教育に含むべき事項10を達成するために，新宿区立かしわヴィレッジの取組から，アウトリーチ・ネットワーキング・コーディネーション・ネゴシエーション・ファシリテーション・プレゼンテーション・ソーシャルアクションをとりあげ，なぜ重要なのかを考察する。実習において上記技法を用いたソーシャルワーク実践を実習生が展開する。また，実習施設・機関において展開されていない技法がある場合はなぜ，展開されていないのかを考え実習指導者から説明を受ける。

Ⅱ．実習生の事前学習内容
　実習施設・機関の法的根拠となる法律について整理するとともに，母子生活支援の特徴と社会での位置づけについて事前学習する必要がある。また，ソーシャルワーカーがよりどころとする倫理綱領や援助技術について振り返り，机上の理論ではなく実践場面を想定した理解を心がける必要がある。

Ⅲ．考　　察
　新宿区立かしわヴィレッジにおける新カリキュラムに基づく実習プログラムについてみてきた。母子生活支援施設の入所期間は2年間となっている。短い期間で入所した母子が抱える生活課題全てを解決することは難しい。そのため，継続的に頼ることができる場所となるために，必要なソーシャルワークについて，実践を通して検討する。諦めずに関わり続けるという経験は，将来専門職を目指す学生にとって貴重である。

第3章　実習プログラミング

【地　　域】
【社会福祉法人　練馬区社会福祉協議会】

Ⅰ．基本実習プログラムの事例

　ここでは東京都にある社会福祉法人練馬区社会福祉協議会（以下，練馬区社協または社協と記す）を一つの事例として，社会福祉協議会における新カリキュラムの実習プログラミングをみていく。以下，教育に含むべき事項1から10までを参考に，具体的な実習内容について解説を行う。

※以下の表では，横軸にくる構成要素の「ソーシャルワーク実践の場の理解」を"場"，「ソーシャルワーカーの理解」を"SWr"，「ソーシャルワーク実践の理解」を"実"，「ソーシャルワーク実践の理解（発展的）」を"発"という略称を用いる。

1．利用者やその関係者（家族・親族，友人等），施設・事業者・機関・団体，住民やボランティア等との基本的なコミュニケーションや円滑な人間関係の形成

達成目標：クライエント等と人間関係を形成するための基本的なコミュニケーションをとることができる。

　教育に含むべき事項1においては，まずは社協職員が各部署でどのような目的で利用者（相談者）との関わりを持っているか説明を受けるところから始まる。練馬区社協では10部署でソーシャルワーク実習を行う。そのため，それぞれの部署がどのような目的を持って活動を実施しているか，また社協内での位置づけはどのようになっているのか理解する必要がある。実習中はソーシャルワーカーと利用者との関わりの様子等の観察を通してソーシャルワーク実践を学び，様々な人とのコミュニケーションの方法や人間関係の形成方法について理解することが目標となる。

SW 実践の場の 理解に関する内容	SWr の 理解に関する内容	SW 実践の 理解に関する内容	SW 実践の 理解に関する内容（発展的）
1．社協職員が各部署でどのような目的で利用者（相談者）と関わりを持っているか説明を受ける。 2．利用者が取り組む作業の手順の説明を受ける。	1．相談者との関わりの様子を観察し説明を受ける。 2．利用者と日常会話をし，話を聞く。 3．社協職員が関係者や地域住民との関わり方で気をつけているポイント（技術的・価値観的な内容）について説明を受ける。 4．社協職員が利用者と非言語コミュニケーションを用いて関わっている様子を観察する。	1．朝礼で職員，利用者に自己紹介をする。 2．利用者との会話を展開させるために，自ら質問するなど，話題を提供する。 3．地域住民に聞き取りを行う中で関わり方のポイント（面接技術）を基にコミュニケーションをはかる。	1．利用者（相談者）の話の意図をくみ取り，気持ちを想像しながら会話をする。 2．ロールプレイなどの場面で，相談者・支援者・関係者など重要な役割を担う。

2．利用者やその関係者（家族・親族，友人等）との援助関係の形成

達成目標：クライエント等との援助関係を形成することができる。

　教育に含むべき事項2においては，利用者（相談者）との援助関係がどのよ

うに形成されるのかを学ぶため、社協内各部署の職員がどのような目的をもって利用者（相談者）と関わりを持っているのか説明を受ける。そのうえで、支援の展開過程における面接場面に同席し、面接においてどのように援助関係を形成しているか学び、理解することが目標となる。

SW 実践の場の 理解に関する内容	SWr の 理解に関する内容	SW 実践の 理解に関する内容	SW 実践の 理解に関する内容（発展的）
1. 社協が行っている各種相談事業の内容や面接の意義について説明を受ける。 2. 面接の場面（来訪・訪問）の設定について説明を受ける。 3. 生活場面面接（施設での日常的な職員と利用者との会話）と構造化面接等の特徴と目的について説明を受ける。	1. 住民や利用者（相談者）との信頼関係（ラポール）を構築する際の留意点や方法について説明を受ける。 2. 社協職員が地域住民や対象者にどのようなアプローチを行っているか観察する。 3. （1 の SWr4）の実習内容と共通。	1. 利用者（相談者）と実際に接する場面やロールプレイを通じて「関わり行動」と「基本的傾聴技法の連鎖」について確認を行う。 2. 利用者（相談者）の非言語情報の表出を観察し、その意味を考える。	1. 実習生自身の相談者や地域住民との関わりをバイスティックの 7 原則を基に自己評価し、自己理解を深める。

3. 利用者や地域の状況を理解し、その生活上の課題（ニーズ）の把握、支援計画の作成と実施及び評価

達成目標：(1) クライエント、グループ、地域住民等のアセスメントを実施し、ニーズを明確にすることができる。(2) 地域アセスメントを実施し、地域の課題や問題解決に向けた目標を設定することができる。(3) 各種計画の様式を使用して計画を作成・策定及び実施することができる。(4) 各種計画の実施をモニタリング及び計画することができる。

　教育に含むべき事項 3 においては、練馬区社協が対象とする利用者や練馬区社協が担当する地域の状況を理解し、その地域で生活を営む人が抱える生活上の課題（ニーズ）をどのようにアセスメントし支援を展開しているのか説明と観察を中心に学ぶ。また、実際に生活上の課題（ニーズ）等を利用者（相談者）の生活の様子や支援者へ聞き取りを行い、その結果をもとにエコマップやジェノグラム等を作成し、生活上の課題（ニーズ）を把握、支援計画の作成と実施及び評価までの一連の展開過程を理解することが目標となる。

SW 実践の場の 理解に関する内容	SWr の 理解に関する内容	SW 実践の 理解に関する内容	SW 実践の 理解に関する内容（発展的）
1. 各種相談事業のケースファイルを閲覧し、概要について説明を受ける。 2. 練馬区の特徴について説明を受ける。 3. 実習指導者から地域福祉活動計画について説明を受ける。 4. （2 の場③）の実習内容と共通。	1. 社協の各事業を通して、社協職員がアセスメントシートからジェノグラムやエコマップを作成したり、生活歴などから生活背景や社会資源との関係性を把握する方法について説明を受ける。 2. 社協職員から、個別支援や各計画のモニタリング、評価、それを踏まえた実践の展開について説明を受ける。	1. 利用者（相談者）の生活の様子や交友関係などについて職員から聞き取る。 2. 収集した情報を基にエコマップ、ジェノグラム等を作成する。 3. 支援調整会議等へ参加し、参加者同士での情報の共有、解決に向けた新たな社会資源の活用について検討を行い、職員とともに振り返る。	1. 収集した情報からニーズを把握する中で、利用者（相談者）を取り巻く家族や環境についてクライアントシステムの関係性を把握し、実習指導者に報告を行い振り返る。 2. 相談記録や個別支援計画を閲覧し、利用者（相談者）の地域での状況や生活上の課題を把握し、考察・振り返りを行う。

	3. 記録等，過去の資料を閲覧し，利用者（相談者）のニーズについて説明を受ける。		

4. 利用者やその関係者（家族・親族，友人等）への権利擁護活動とその評価

達成目標：クライエント及び多様な人々の権利擁護並びにエンパワメントを含む実践を行い，評価することができる。

　教育に含むべき事項4においては，社協における個人情報保護，守秘義務，職業倫理や法令遵守の推進やハラスメント苦情受付と対応方法について説明を受け，理解を深める。

　また，社協が行っている日常生活自立支援事業や成年後見制度利用促進事業の取り組みや社協が運営する作業所や施設における苦情受付体制について説明を受け，理解を深めることが目標となる。

SW 実践の場の理解に関する内容	SWr の理解に関する内容	SW 実践の理解に関する内容	SW 実践の理解に関する内容（発展的）
1. 実習担当者から社協の個人情報保護，守秘義務，職業倫理について説明を受ける。 2. 法令遵守の推進に関する規程，ハラスメント苦情受付と対応についての説明を受ける。 3. 社協で取り組んでいる合理的配慮について説明を受ける。 4. 虐待防止委員会の設置義務や，委員会での取り組みについて説明を受ける。 5. 障害者への理解を促進するための取り組みについて説明を受ける。（施設外作業・館外活動など）	1. 社協が行う日常生活自立支援事業における利用者（相談者）の地域における自立した生活に向けた支援について説明を受ける。 2. 成年後見制度利用促進事業など，社協による権利擁護活動について説明を受ける。 3. 日常的な支援として行っている，職員が利用者の自己決定の支援をしている場面について説明を受ける。またはその場面を観察する。 4. 利用者との施設外作業や館外活動の引率職員の役割を観察し，留意点を考え，実習記録に記載する。 5. 電話での相談対応の場面から，権利擁護やエンパワメントの実践について観察し，実習記録に記載する。	1. 権利擁護事業の取り組みに対する生活援助実践について実習担当者に確認や質問を行い，実習記録に記載する。 2. 権利擁護事業での学びを踏まえて，対象者が持つ強み（ストレングス）や自己決定支援について実習担当者へ報告し指導を受ける。 3. 利用者に必要な合理的配慮を考え，実習担当者に報告する。 4. 利用者と権利擁護を意識したコミュニケーションをとり，関わり方について職員と振り返る。 5. 施設内で日常的に行っている利用者の自己決定支援を行い，実習記録に記載する。	1. 実習生自身で考えた合理的配慮の取り組みを提案する。 2. 利用者（相談者）が自己決定する場面においてより自己決定しやすくなるよう工夫して支援し，実習担当者と評価を行う。 3. 障害者の理解を促進させる取り組みを考え，実習記録に記し，実習担当者に報告する。

5. 多職種連携及びチームアプローチの実践的理解

達成目標：(1) 実習施設・機関等の各職種の機能と役割を説明することができる。(2) 実習施設・機関等と関係する社会資源の機能と役割を説明することができる。(3) 地域住民，関係者，関係機関等と連携・協働することができる。(4) 各種会議を企画・運営することができる。

　教育に含むべき事項5については，教育に含むべき事項1の内容とも重なるが，練馬区社協内の事業における多職種連携及びチームアプローチを学び，理解を深めることが目標となる。

また，社協は行政，病院，社会福祉施設等の専門職がいる施設・機関だけでなく，地域住民等とも連携しながら活動を実施したり，チームとしてアプローチすることもある。実習期間中参加できる機会があればよいが，もし参加できない場合は過去の事例を聞くことが大きな学びとなる。

SW 実践の場の 理解に関する内容	SWr の 理解に関する内容	SW 実践の 理解に関する内容	SW 実践の 理解に関する内容（発展的）
1. 社協および他機関の役割や各職種の専門性について説明を受ける。 2. 地域の社会資源，関係組織，団体の連携について説明を受ける。 3. 社協で行われている会議の種類や内容について説明を受ける。 4. 施設内の各職種についての説明を受ける。 5. 練馬区社協の各委員会について説明を受ける。 6. 社会福祉法人等のネットの説明を受ける。	1. 職員間で情報共有している場面を観察する。 2. 支援調整会議や VC の団体訪問において，各機関との連携実績について説明を受ける。 3. 実習担当者から住民主体と組織化されたボランティア活動や地域団体の組織化・プロセス支援・連携と協働について説明を受ける。	1. 支援調整会議や地域団体との打ち合わせに出席して社協職員がどのような実践を行っているか観察し，実習記録に記載する。 2. （3の実1）の実習内容と共通。 3. チームの一員として，職員から利用者支援について意見を求められたときに，自分の意見を伝える。	1. 実習成果発表において，社協活動への提案を行うとともに，参加者から意見をもらう。 2. 実習成果発表後，出た意見に対して実習担当者と振り返り，検討を行う。

6．当該実習先が地域社会の中で果たす役割の理解及び具体的な地域社会への働きかけ

達成目標：(1) 地域社会における実習施設・機関等の役割を説明することができる。(2) . 地域住民や団体，施設，機関等に説明することができる。

　教育に含むべき事項6については，練馬区社協としての事業や活動はもとより，民生児童委員協議会や各種助成金・募金事業の必要性や実践方法について説明を受けるとともに，実施事例を通じて学び，理解を深めることが目標となる。

SW 実践の場の 理解に関する内容	SWr の 理解に関する内容	SW 実践の 理解に関する内容	SW 実践の 理解に関する内容（発展的）
1. 社協事業・社協活動について説明を受ける。 2. 民生児童委員協議会や各種助成金・募金事業について説明を受ける。 3. 施設が町会や自治体から請け負っている作業内容の説明を受ける。 4. 施設と受注・委託業者や取引先のつながりについて説明を受ける。 5. ボランティア受け入れの概況について説明を受ける。	1. 社協事業や社協活動に参加し，企画の意図や方法について説明を受ける。 2. 地域における地域福祉活動計画の意義や取り組みの実践について説明を受ける。 3. ボランティアと利用者の関わりに介入する職員の様子を観察し，職員の役割を考える。	1. 事前に会議体・施設・団体・相談者に対して VC がどのように地域に働きかけているのか説明を受け，アセスメントしたうえで参加・同席する。	1. 会議体・面談・施設訪問に参加・同席したうえで，会議体等の性質や特徴を理解し，職員との振り返りの中で報告する。

7. 地域における分野横断的・業種横断的な関係形成と社会資源の活用・調整・開発に関する理解

達成目標：地域における分野横断的・業種横断的な社会資源について説明し，問題解決への活用や新たな開発を検討することができる。

　教育に含むべき事項7においては，法人内及び地域との連携について，具体的な実践を通して学ぶこととした。また，制度の狭間の問題や社会資源の開発について過去事例をもとに学ぶ。あわせて，制度の設立背景となる社会状況や生活課題の理解についても実習の進捗状況によっては実施することでより学び，理解を深めることが目標となる。

SW 実践の場の 理解に関する内容	SWr の 理解に関する内容	SW 実践の 理解に関する内容	SW 実践の 理解に関する内容（発展的）
1. 実習担当者から地域福祉計画や地域福祉活動計画に基づき，練馬区の地域福祉を取り巻く現状について説明を受ける。 2. 支援調整会議や協議体について説明を受ける。 3. 施設における他分野との連携の取り組みについて説明を受ける。	1. 企業訪問の中で，職員と企業がどのように関係を構築するか（どのような関係ができているか）観察する。 2. 社会福祉法人等のネットの取り組みについて，具体的取り組みや社会福祉法での位置づけの説明を受ける。	1. 事前に多職種，多分野の機関・団体が集まる会議体についての説明を受け，アセスメントした上で，参加・同席する。 2. 他分野と連携の取り組みについて考察し，施設の地域における新たな役割について考え記録に記載する。	1. 多職種，多分野の機関・団体が集まる会議体に参加・同席したうえで，重要性や意義について理解したことを振り返りで報告する。 2. 実習成果発表で社会資源の開発について提案を行う。

8. 施設・事業者・機関・団体等の経営やサービスの管理運営の実際（チームマネジメントや人材管理の理解を含む）

達成目標：(1) 実習施設・機関等の経営理念や戦略を分析に基づいて説明することができる。(2) 実習施設・機関等の法的根拠，財政，運営方法等を説明することができる。

　教育に含むべき事項8については，社協事業の目的や社協活動運営の仕組みの理解が不可欠である。そのため，ソーシャルワーク実践の場の理解に，社協発展強化計画（経営計画）における法人の使命，理念や経営計画や社協事業継続計画（BCP）を基に災害時等の対応手順と方法について説明を受け理解を深めることが目標となる。

SW 実践の場の 理解に関する内容	SWr の 理解に関する内容	SW 実践の 理解に関する内容	SW 実践の 理解に関する内容（発展的）
1. 法人事業報告や決算報告から，事業状況や財務状況について説明を受ける。 2. 社協発展強化計画（経営計画）における法人の使命，経営理念や経営計画，また今後の財源確保の取り組みについて説明を受ける。 3. 社協会費や共同募金について説明を受ける。 4. 障害者総合支援法の関連事項について説明を受ける。	1. 法人の財務諸表の見方や用語の意味について，決算報告書や予算書を用いて報告を受け，振り返る。 2. 社協事業継続計画（BCP）を基に災害時等の対応手順と方法について説明を受け振り返る。 3. 工賃向上計画を閲覧する。	1. 実習担当者から，苦情解決第三者委員について説明を受けリスク管理や対策について，実習担当者と意見交換を行う。 2. 今後の地域福祉活動計画について，実習担当者と意見交換を行う。	1. 実習成果発表にて，新たな財源確保や基盤活動を踏まえた社会資源開発について提案を行う。 2. 法人経営について理解したことを振り返りで報告する。

5. 施設の事業種別，定員，職員構成など事前学習の確認を行う。		

9. 社会福祉士としての職業倫理と組織の一員としての役割と責任の理解

達成目標：(1) 実習施設・機関等における社会福祉士の倫理に基づいた実践及びジレンマの解決を適切に行うことができる。(2) 実習施設・機関等の規則等について説明することができる。

　教育に含むべき事項9においては，職業倫理について練馬区社協の実際を含め説明を受ける実習を設定するとともに，社会福祉士がソーシャルワーク実践をする中で倫理的ジレンマが生じた事項について事例をもとに説明を受け理解を深めることが目標となる。また，今後社会福祉士としてどのように実践に取り組むべきかを考え，実習記録にまとめることとした。

SW 実践の場の 理解に関する内容	SWr の 理解に関する内容	SW 実践の 理解に関する内容	SW 実践の 理解に関する内容（発展的）
1. 就業規則，服務基準について，実習担当者から説明を受ける。 2. 各部署が社会福祉士の倫理に基づいた実践を行う場であることの説明を受ける。 3. 練馬区社協の倫理綱領について説明を受ける。	1. 実習担当者と各事業における「利用者や住民との関わり場面，問題解決課程，チームアプローチ場面等」を振り返り，倫理的ジレンマが生じた事項やその解決について説明を受ける。 2. (5 の SWr1) の実習内容と共通。 3. 練馬区社協の倫理綱領の実践について，支援の様子などを通じて説明を受ける。	1. 個別面談や各種会議に参加して，社会福祉士がソーシャルワーク実践をする中で倫理的ジレンマが生じた事項について把握し，実習担当者と対策について意見交換を行う。	1. 個別面談や各種会議に参加して，倫理的ジレンマが生じた事項について，その解決のプロセスを実習担当者に説明する。

10. 以下の技術について目的，方法，留意点について説明することができる

達成目標：用語の意義，目的，機能，方法について調べる。

　ソーシャルワーク実践において，アウトリーチ・ネットワーキング・コーディネーション・ネゴシエーション・ファシリテーション・プレゼンテーション・ソーシャルアクションがなぜ重要となるのか実習を通して考察する。また，実習中上記技法を用いて SW 実践を実習生が展開する。

Ⅱ．実習生の事前学習内容

　実習生の事前学習については，練馬区社協が事務局となって策定する地域福祉活動計画や広報誌をもとに社協全体の状況を理解することを求めている。また，実習生自身がどのような動機で社会福祉士を目指しているのかや，練馬区社協での実習でどのようなことを学びたいのか事前レポートをまとめることをもとめている。

第3章　実習プログラミング

Ⅲ. 考　察

　練馬区社協の実習において具体的にどのようなことを行い，教育に含むべき事項を達成するのか，解説をしてきた。また，練馬区社協は，同法人内にある10部署をまわりながらソーシャルワーク実習を行う。そのため，各部署の役割や機能を理解するとともに，練馬区社協がなぜその事業を行っているのかを含め理解をすることが重要となる。このことは練馬区社協に限ったことではない。他の社協での実習でも同様のことがいえると考える。ソーシャルワーカーに，求められる役割・機能は多様化している。なぜ，ソーシャルワーカーの役割・機能が多様化しているのかを含め学生のうちに学び・整理することは重要である。

参考文献

公益社団法人日本社会福祉士会編（2022）『新版 社会福祉士実習指導者テキスト』中央法規

厚生労働省社会・援護局長（2020）「社会福祉士養成課程における相談援助実習を行う実習施設等の範囲について」（令和2年3月6日社援発0306第25号）

（https://www.mhlw.go.jp/content/000604919.pdf　アクセス日 2024.7.31）

一般社団法人日本ソーシャルワーク教育学校連盟編（2021）『最新社会福祉士養成講座8 ソーシャルワーク実習指導 ソーシャルワーク実習〔社会専門〕』中央法規

一般社団法人日本ソーシャルワーク教育学校連盟（2021）「ソーシャルワーク実習指導・実習のための教育ガイドライン（2021年8月改訂版）」

（http://jaswe.jp/doc/202108_jisshu_guideline.pdf　アクセス日 2024.7.31）

文部科学省高等教育局長，厚生労働省社会・援護局（2020）「大学等において開講する社会福祉に関する科目の確認に係る指針について」（令和2年3月6日元文科高第1122号・社援発0306第23号）

（https://www.mhlw.go.jp/content/000604914.pdf　アクセス日 2024.7.31）

ソーシャルワーク実習　基本実習プログラム　プログラミングシート

ソーシャルワーク実習　教育に含むべき事項（例示に含む具体例示）	達成目標（評価ガイドライン）各行動目標の具体例示が行動目標と参考	事前学習	具体的な実習内容　当該実習施設における実習の実施及び展開			指導上の留意点
			SW実践の場の理解に関する内容	SWrの理解に関する内容	SW実践の理解に関する内容（発展的）	活用する資料・参照物
1 利用者やその関係者（家族・親族、友人、地域住民、他の利用者等）、施設・事業者、機関・団体、住民やボランティア等との基本的なコミュニケーションや円滑な人間関係の形成	（1）クライエント等と人間関係を形成するための基本的なコミュニケーションをとることができる	・基本的な面接技術について復習する。・社協のパンフレット、社協HPなどを事前に調べる。・施設・機関の理念、精神理念について調べる。	①社協職員自身の各部署でのどのような目的で利用者（相談者）と関わりを持っているのか説明を受ける。②利用者が取り組む作業の手順の説明を受ける。	①朝礼など社協職員に自己紹介をする。②利用者（相談者）との会話を展開するために、自ら質問するなど、話題を提供する。③地域住民に関与の行い方のポイント（面接技術）を基にコミュニケーションをはかる。	①利用者（相談者）の話の意図をくみ取り、気持ちを想像しながら会話をする。②ロールプレイなどとの場面で、相談者・支援者・関係者など重要な役割を担う。	・実習生本人のことについて、施設利用者や地域住民などに対して適切な自己紹介を行う。・社協パンフレット・社協便り・事業計画・事業報告
2 利用者やその関係者（家族・親族、友人、地域住民等）との援助関係の形成	（2）クライエント等との援助関係を形成することができる	・社会福祉士の倫理綱領、行動規範、バイステックの7原則について復習する。・相談面接の技術について調べる。	①社協が行っている各種相談事業の内容や面接の意図について説明を受ける。②面接場面（来所・訪問）の設定について説明を受ける。③実習指導者から地域福祉活動計画について説明を受ける。	①利用者（相談者）と実際に接する場面やロールプレイを通じて「わかりやすい行動」と基本的な傾聴の連鎖、利用者（相談者）の非言語情報の表出を観察し、その意味を考える。②（2の①）の実習内容と共通	①実習生自身の相談者や地域住民との関わりをバイステックの7原則に基づき自己評価し、自己理解を深める。	・実習生が、対象者の個々の場面に応じて、受容的な態度などについて、実習生の理解を確認しながら指導する。・記録類
3 利用者やその関係者を取り巻く状況の把握、支援計画の作成と実施及び評価	（3）クライエント、グループ、地域住民等のアセスメントを実施し、ニーズを明確にすることができる （4）地域アセスメントを実施し、地域の課題や問題解決に向けた目標設定ができる （5）各種計画の様式を使用して計画を作成・実施及び評価することができる （6）チームアプローチにおける自らの役割を果たすことができる	・地域福祉活動計画の概要などを理解する。・社協が行う支援の計画について調べる。	①各種相談事業のケースファイルを閲覧し、概要について説明を受ける。②練馬区の生活背景や社会資源などから生活課題について説明を受ける。③記録等、過去の資料について説明を受ける。	①利用者（相談者）の生活の様子や支援関係など相互に接する場や家族を取り巻く環境について、収集した情報を基にエコマップ、ジェノグラム等を作成する。②支援関係会議等へ参加し、評価、それを踏まえた実践のモニタリングや、個別支援計画について説明を受ける。	①収集した情報からニーズを把握する中で、利用者（相談者）を取り巻く行動や家族・環境について、クライエントシステムの理解を把握し、実習記録や報告会での情報の共有、解決に向けた新たな社会資源の活用に向けて検討し合う。	・対象者の課題は各部署の事業や利用者の特性などを基に把握し、解決への作成準備を行う。・ケース記録・個別ケースファイル・地域福祉活動計画
4 利用者やその関係者との援助関係の形成を行うための多職種・多機関等との連携	（7）社会福祉士としての職業倫理と組織の一員としての役割と責任を理解する	・社会福祉士の倫理綱領、職業倫理、個人情報保護、守秘義務、法令遵守に関する規程、ハラスメント苦情対応等について調べる。	①実習担当者及び社協の各種個人情報保護、守秘義務、職業倫理に関する規程について説明を受ける。②法令遵守の推進、ハラスメント苦情受付と対応について説明を受ける。③社協が取り組んでいる合理的配慮について説明を受ける。	①権利擁護事業の取り組みに対する生活支援助事業について確認や質問を行う。②成年後見制度や日常自立支援などの学びを踏まえて、対象者の学び（ストレングス）や自己決定支援について取り組み、振り返る。③利用者と権利擁護事業の役割について説明を受け、実習担当者と振り返る。④関わりに必要な合理的配慮などについて検討し合う。	①実習生自身が考えた生活援助の取り組みを提案する。②利用者が自己決定しやすい場面において、より自己決定しやすくなるよう工夫して支援する取り組み（ストレングス）や自己決定を評価する。③障害者の理解を促進させる合理的配慮について、職員や個別支援計画を把握し、考察・振り返りを行う。	①個人情報の取り扱いについて、必ず秘密保持の徹底を行う。②各種制度の活用などにより、各種権利擁護の取り組みを行う。③虐待防止や権利擁護に関する記録
5 多職種連携及びチームアプローチの実践的理解	（8）実習施設・機関等の各種の会議の役割を理解する （9）実習施設・機関等の地域における役割を理解し具体的な地域活動や住民組織活動について理解する （10）地域住民、関係者、関係機関等と連携・協働することができる （11）各種会議を企画・運営することができる	・社会福祉士の倫理綱領、関連する職種について調べる。・地域の社会資源、団体組織、関係組織について調べる。・施設内の各種会議について調べる。・練馬区で社協が行っている各委員会について説明を受ける。・各社会福祉法人のネットワークについて説明を受ける。	①実習担当者から各機関の個人情報保護について説明を受ける。②支援調整会議についての団体紹介について説明を受ける。③連携実践について説明を受ける。④実習で行う住民主体のボランティア活動など地域団体の組織化・プロセス支援・連携・協働についての説明を受ける。	①支援調整会議において実習の様子をまとめし社協職員がどのような実践を行っているか観察し、実習記録に記載する。②障害者が参加した住民主体のメニュー会議などを観察し、その実践について、振り返る。③（3のSW実践の理解に関する内容）の実習内容を含む。	①実習成果発表において、社協活動への提案を行うとともに、参加者から意見を貰う。②社協職員が行うような実践に対して実習担当者など第三者の意見に対し、出た意見に対して実習担当者と考え、自分の意見を伝える。	①各種会議に参加する際には参加者についての個人情報保護に留意する。・社協パンフレット・練馬区の参考資料・社会機構の参考資料・設定や参加などの参考資料

		事前学習・準備項目等	実習内容（プログラム）	実習内容	備考
6	当該実習先が地域社会において果たす役割及び具体的な理解並びに地域の各種社会資源との関わりの理解	⑫地域社会における当該実習先が果たす役割・機能等の理解を確認することができる。 ⑬地域住民、機関・団体等との連携について理解することができる。	①社協事業や社協活動について説明を受ける。 ②地域における協議会・各種事業の実施状況について説明を受ける。 ③ボランティア受付大人の概況について説明を受ける。	①社協事業や社協活動について説明を受ける。 ②地域における協議会・各種事業の意義や取り組みの実際について説明を受ける。 ③ボランティアを利用者の関わりの中で入する職員の様子を観察し、職員の役割を考える。	①会議体・面談・相談訪問に参加・同席したうえで会議体の性格や特徴を理解し、職員との振り返りの中で報告する。 ・（社協）パンフレット ・事業計画、事業報告
7	地域における分野横断的・業種横断的な社会資源の状況把握と調整・開発に関する理解	⑭地域における分野横断的・業種横断的な社会資源やその活用状況について理解し、HP等で調べることができる。	①実習担当者から地域福祉活動計画に基づき、練馬区の地域福祉を取り巻く現状について説明を受ける。 ②支援調整会議や他分野との連携の取り組みについて説明を受ける。	①企業訪問の中で、職員が企業とどのように関係を構築するか（どのような関係ができているか）観察する。 ②多職種・多分野の機関・団体が集まる会議に参加・同席したうえで、重要性や意義について提案する。	①多職種、多分野の機関・団体が集まる会議について説明を受け、アセスメントした課題について説明を受ける。 ②他分野の取り組みにおける役割について考え記録する。 ・社協パンフレット等 ・事業計画・事業報告 ・地域福祉活動計画
8	施設・事業者・機関・団体等の経営やサービスの管理運営の実際（チーム・マネジメントや人材管理の理解を含む）	⑮実習施設・機関等の経営理念や組織体制・運営状況等について理解し、HP等で調べることができる。	①法人事業報告や決算報告について、決算報告書について説明を受け振り返る。 ②法人企業概要や経営理念、法人の使命や使用価値確保の取り組みについて説明を受ける。	①法人の財務諸表の見方や用語の意味について、決算報告を閲覧する。 ②今後の地域福祉活動計画について理解を行う。	①実習成果発表で、新たな社会資源の基盤となる地域資源開発機関について提案する。 ②法人経営を踏まえた社会資源の課題について提案する。 ・財務経営資料についての説明 ・事業計画・事業報告 ・決算報告計画 ・収支計画書 ・地域福祉活動計画
9	社会福祉士としての職業倫理と組織の一員としての役割と責任の理解	⑰実習施設・機関等におけるソーシャルワークに関連した専門職や他職種との実践及びチームアプローチの実際を観察・理解することができる。 ⑱実習施設・機関等の倫理綱領や倫理的ジレンマについて説明を受ける。	①実習担当者と各事業における利用者や住民への関わりの場面、問題解決過程について、倫理的ジレンマに基づいた説明を受ける。 ②練馬区社協の倫理綱領の実践について説明を受ける。	①個別面談や各種会議に参加して、社会福祉士が生じるジレンマについて把握し、その解決のプロセスと実習担当者に説明を行う。	①就業規則に基づいた説明と、組織の一員としての役割や責任の説明を行う。 ・就業規則
10	ソーシャルワークに係る実習施設・機関、地域社会等に対する権利擁護活動とその評価	⑲以下の技術について目的、方法、留意点、自己の課題について明確にし、説明することができる。			
	(1) アウトリーチ		①社協の取り組みやアウトリーチの機能と方法について説明を受ける。	①社協が実施している事業やチームのアウトリーチの場面などを観察し、その留意点を実習記録に記載する。	①各事業に参加して、ニーズキャッチについて気づいたことを実習指導者に報告する。
	(2) ネットワーキング		①(5の場⑤)の実習内容と共通	①社協職員と住民、事業者におけるネットワークの事例等について説明を受ける。	①(5の①)の実習内容と共通
	(3) コーディネーション		①(6の場⑤)の実習内容と共通	①(5のSW・2③)の実習内容と共通	①(5の実③)の実習内容と共通
	(4) ネゴシエーション		①各種会議やイベントなどの新規立ち上げにおいて、運営のための機関等との関連について説明を受ける。	①各種事業、イベントなどの新規立ち上げにおいて、参加者の設定や費用、運営のやり方の概要について実習記録に記載する。	①(5の実②)(6の実①)の実習内容を実現していくための各関係機関への改善のシミュレーションを経験した先を発表する。
	(5) ファシリテーション		①各種会議などで、進行管理や意見調整、プレゼンテーションに学習し、留意点を考え実習記録に記載する。	①各種会議に参加し、ファシリテーターの役割を担う。	①実習生同士でグループワーク等を行う際にファシリテーターの役割を実習で行う。
	(6) プレゼンテーション		①実習先である施設でのプレゼンテーションについて実習指導者に報告する。 ②プレゼンテーションについて実習指導者に学習する。	①各種事業でのプレゼンテーションの観察や説明を受ける。	①実習成果発表でのプレゼンテーションを行い、質疑応答で意見をもらう。
	(7) ソーシャルアクション		①社協の各事業の改善や新たなニーズに対応した例や社協職員との関わりについて検討する。	①各部署での新たな事業の立ち上げについて、留意点を実習記録に記載する。	①実習成果発表で地域課題の解決（社協への提案）に向けたソーシャルアクションをまとめ、含めた発表を行う。

作成者：社会福祉法人練馬区社会福祉協議会実習委員会

社会福祉士養成課程の今後のあり方

　2018（平成 30）年に出された，社会保障審議会福祉部会福祉人材確保専門委員会の報告書「ソーシャルワーク専門職である社会福祉士に求められる役割等について」を踏まえると，社会福祉士養成課程は時代の要請に応じて変革する必要がある。

　以下に，その具体的な方策を述べてみることとする。

　まず，社会福祉士の役割が多様化し，複雑化していることを考慮し，社会福祉士養成課程においても専門的知識と技術をより深く学び・理解することが求められる。

　報告書では，社会福祉士が単なる支援者としての役割にとどまらず，地域社会の課題解決や政策提言など，多岐にわたる役割を果たすことが期待されている。これに対応するためには，社会福祉士養成課程において，基礎的な理論と実践的なスキルをバランス良く教育することが重要である。

　次に，現場での実践力を養うための教育プログラムの充実が必要である。ソーシャルワーク実習を通じて得られる経験は，社会福祉士としての専門性を高めるうえで必要不可欠である。今回のカリキュラム改正では，実習時間数の拡充や，ソーシャルワーク実習教育に含むべき事項を達成することが重要視されている。そのため，基本実習プログラムが必要となる。しかし，基本実習プログラムの作成は難航した。筆者の所属する大学では，今回のカリキュラム改正の内容を再三検討し，基本実習プログラムを用いたソーシャルワーク実習を展開することとした。また，基本実習プログラムの作成においては現場の実習指導者だけにお願いするのではなく，養成校が現場に出向いたり，オンライン等の手段を用いながら説明し，ともに作成を行った。この取り組みは，実習施設・機関の実習指導者に新カリキュラムの内容を理解してもらうことにもつながった。先にも述べたが，今日の社会福祉士養成教育において実習指導者等と連携し，実践的な教育環境を整備することは重要なことである。

　社会福祉士は地域のニーズに応じた支援を行うため，地域社会との密接な関係が不可欠である。社会福祉士養成課程においても，地域の生活課題に対する理解を深めるためのカリキュラムを導入することが求められる。具体的には，地域福祉と包括的支援体制などの科目を充実させることが考えられる。

　また，グローバルな視点を持つことも重要である。現代の社会問題は国境を超えて影響を及ぼしており，国際的な視点での対応が求められる。報告書でも，国際社会で活躍できる人材の育成が求められている。これに対応するため，社会福祉士養成課程においても，国際福祉や異文化理解などを学べるようにする必要がある。

　最後に，ICT 技術の活用について述べる。デジタル化の進展に伴い，福祉分野でも ICT 技術の活用が求められている。報告書では，ICT 技術を活用した効率的な支援や情報共有の重要性が指摘されているが，社会福祉士養成課程においても，ICT リテラシーを高めるための教育を強化し，社会福祉士がデジタル時代に対応できるようにすることが必要である。

　改めてになるが，社会福祉士養成課程は，理論と実践のバランスを取り，地域社会や国際社会との連携を強化し，ICT 技術を活用しながら，時代の変化に対応できる社会福祉士を今後育成することが求められる。このような方針に基づく教育の充実が，今後の社会福祉士養成課程の鍵となると考える。

平野　裕司

おわりに

　2021 年度から，社会福祉士養成課程のカリキュラムが新しくなり，地域共生社会の実現に貢献する実践力を持つソーシャルワーク専門職の養成が求められている。新カリキュラムでは，相談援助実習がソーシャルワーク実習に名称変更となり，実習時間も 180 時間から 240 時間に拡充され，異なる機能を持つ 2 カ所以上の実習施設・機関での実習が必須となった。

　本学では，2022 年度から 2023 年度にかけて，実習施設・機関と連携・協働し，新カリキュラムに伴う基本実習プログラムの作成を進めてきた。実習担当教員は，実習施設・機関への訪問等を行い，新カリキュラムの概要や基本実習プログラムの意義と作成方法を説明し，各実習施設・機関に基本実習プログラムの作成を依頼した。この新たな取り組みには戸惑いや混乱もあったが，実習施設・機関と本学が，ソーシャルワーク実習における基本実習プログラムの意義を理解した上で，連携・協働により取り組むことができた。

　作成された基本実習プログラムは，ソーシャルワーク実習における共通の「ねらい」と「教育に含むべき事項」を満たしつつ，各実習施設・機関の特徴やすでに取り組まれている実習内容が反映された，実行可能なものとなっている。ソーシャルワーク実習は，養成校での事前・事後学習と実習施設での実習が一体となることで，実習生への効果的な学びを提供する。新カリキュラムにおける基本実習プログラムは，その学びを体系化するために不可欠である。

　本書は，これまでに実習施設・機関と本学が連携・協働して取り組んだ新カリキュラムの施行に向けた知見を反映させ，ソーシャルワーク専門職と実習の位置づけ，実習マネジメント，実習プログラミングについて解説をしている。多くの養成校，実習施設・機関，そしてソーシャルワーク実習を行う学生にとって，本書が有益な資料となることを願っている。

　2024 年 12 月吉日

篠原　純史

索　引

あ 行
アウトリーチ　16

エコロジカル・ソーシャルワーク　9

か 行

基本実習プログラム　28
教育に含むべき事項　39,41

ケアカンファレンス　16
言語聴覚士　16

合理的配慮　30
コーディネーション　12

さ 行
里孫活動　15

事前訪問（オリエンテーション）　28
実習インストラクター制度　27-28
実習施設・機関システム　22
実習指導システム　22
実習指導者　24
実習スーパービジョン　21
実習生システム　22
実習プログラミング　21
実習マネジメント　21
実践能力　11
社会資源開発・社会開発　12
社会的入院　9
社会福祉士および介護福祉士法　9
社会福祉士実習指導者講習会　25
社会福祉士の倫理綱領　23
社会福祉士養成課程　26
巡回指導　28
情報伝達技術（ICT）　31
職種実習　45
職場実習　45

ソーシャルアクション　16

ソーシャルワーカーの理解　46
ソーシャルワーク実習　45
ソーシャルワーク実習のねらい　39
ソーシャルワーク実習基本実習プログラム　プログ
　ラミングシート　44
ソーシャルワーク実習の手引き　27
ソーシャルワーク実習を行う実習施設等の範囲
　51
ソーシャルワーク実践システム　22
ソーシャルワーク実践の場の理解　45
ソーシャルワーク実践の理解　46

た 行
多職種協働　13

地域共生社会　10
地域包括支援センター　9
チームワーク　16

な 行
ネゴシエーション（交渉）　12,13

は 行
ファシリテーション　12
プライバシーの尊重と秘密の保持　32
プレゼンテーション　12

包括的な相談支援体制　10
訪問看護事業　14
ボランティア活動　14

ま 行
マクロ・ソーシャルワーク　13
看取り　16

や 行
養成校システム　22

ら 行
リスクマネジメント　21

編著者

鳥羽美香（とば　みか）…はじめに，第1章①②③⑤，第3章⑤

最終学歴：明治学院大学大学院社会学研究科社会学・社会福祉学専攻博士後期課程修了　博士（社会福祉学）
主な経歴：社会福祉法人白十字会白十字八国苑相談センター所長・明治学院大学社会学部社会福祉学科非常勤講師
現在：文京学院大学人間学部人間福祉学科　教授
主要著書・論文：『エイジズムとパターナリズム - 東アジアにおける福祉・医療系専門職養成の課題 -』（共著）学文社（2022年1月）

篠原純史（しのはら　あつし）…第2章，第3章⑤，おわりに

最終学歴：埼玉県立大学大学院保健医療福祉学研究科保健医療福祉学専攻 博士前期課程修了　修士（健康福祉科学）
主な経歴：国立病院機構高崎総合医療センター 患者サポートセンター ソーシャルワーク室長を経て，現職。
現在：文京学院大学人間学部人間福祉学科　准教授
主要著書・論文：『保健医療ソーシャルワークの知識と技術：キャリアアップのための実践力の構築』（共著）中央法規出版（2023年6月）
『改訂第2版　救急認定ソーシャルワーカー標準テキスト 救急患者支援』（共編著）へるす出版（2024年6月）

平野裕司（ひらの　ゆうじ）…第3章①②③④⑤，おわりに

最終学歴：東北福祉大学大学院　総合福祉学研究科社会福祉学専攻（博士課程）修了　博士（社会福祉学）
主な経歴：2020年公益社団法人日本医療ソーシャルワーカー協会石巻支援拠点スタッフ（社会福祉士等相談支援事業）としての勤務を経て，2021年4月より現職。
現在：文京学院大学人間学部人間福祉学科　助手
主要著書・論文：『東日本大震災被災者への10年間のソーシャルワーク支援：公益社団法人日本医療ソーシャルワーカー協会の相談支援1047ケースの実践報告』（共著）中央法規出版（2024年1月）
「新カリキュラムに基づくソーシャルワーク実習の取り組みの成果と課題 - 文京学院大学の取り組みから -」平野裕司・金子恵美・篠原純史・高橋明美・田嶋英行・鳥羽美香・中島修『文京学院大学人間学部紀要』，第25巻，71-79（2024年3月）

執筆者

金子恵美（かねこ　めぐみ）…第3章⑤

最終学歴：東洋大学大学院福祉デザイン研究科社会福祉学専攻博士後期課程修了　博士（ソーシャルワーク）
主な経歴：社会福祉法人二葉保育園　二葉保育園にて保育士と里親ソーシャルワーカーを担当
日本社会事業大学教授
現在：文京学院大学人間学部人間福祉学科　教授
主要著書・論文：『地域における介入型ソーシャルワークモデルの開発―東京都の子ども家庭支援センターの実践をふまえて―』博士論文（2015年3月）

鈴木剛士（すずき　つよし）…第1章④

最終学歴：明治学院大学社会学部社会福祉学科卒業
主な経歴：社会福祉法人白十字会　特別養護老人ホーム白十字ホームへ介護職として入職。その後，社会福祉法人白十字会　特別養護老人ホーム白十字ホーム生活相談員に異動
現在：社会福祉法人白十字会　特別養護老人ホーム白十字ホーム運営管理担当部長
主要著書・論文：「特別養護老人ホームにおけるターミナルケア」（共著）『地域連携教育研究』第17号，10-28（2024年3月）

高橋明美（たかはし　あけみ）…第3章 5
最終学歴：明治学院大学大学院社会学研究科社会福祉学専攻　博士前期課程修了　修士（社会福祉学）
主な経歴：社会福祉法人世田谷区社会福祉事業団生活相談員，高橋社会福祉士事務所所長，明星大学人文学部福祉実践学科非常勤講師
現在：文京学院大学人間学部人間福祉学科　准教授
主要著書・論文：『ソーシャルワーカーの成長を支えるグループスーパービジョン―苦しみやつまずきを乗り越えるために』（共著）中央法規出版（2018年5月）
『福祉・介護・医療の現場で役立つ　イラストでわかる対人援助の技術』（共著）ナツメ社（2024年2月）

田嶋英行（たじま　ひでゆき）…第3章 5
最終学歴：同志社大学大学院社会学研究科社会福祉学専攻博士課程（後期課程）修了　博士（社会福祉学）
主な経歴：一般企業（製造業）にて生産管理業務を担当　文京女子大学非常勤講師
現在：文京学院大学人間学部人間福祉学科　教授
主要著書・論文：「臨床組織論構築に向けての一考察」『文京学院大学人間学部研究紀要』25, 133-145（2024年3月）

中島修（なかしま　おさむ）…第3章 5
最終学歴：東北福祉大学大学院　総合福祉学研究科社会福祉学専攻（博士課程）修了　博士（社会福祉学）
主な経歴：狛江市社会福祉協議会，岩手県立大学社会福祉学部助手，日本社会事業大学社会福祉学部実習講師，東京国際大学人間社会学部福祉心理学科専任講師，厚生労働省社会・援護局地域福祉課地域福祉専門官，文京学院大学人間学部准教授
現在：文京学院大学人間学部人間福祉学科　教授
主要著書・論文：『シードブック　子ども家庭支援論（第2版）』（共著）建帛社（2023）
『社会的支援が必要な単身生活者支援に関する研究』博士論文（2020年3月）

プロムナード執筆者

1：社会福祉法人白十字会特別養護老人ホーム白十字ホーム福祉相談課課長　森田佳子
2：社会福祉法人うらら介護相談部部長兼十条高齢者あんしんセンター長　島崎陽子
3：社会福祉法人浴風会養護老人ホーム浴風園管理課長　近藤修
4：社会福祉法人けやきの郷総務部長　内山智裕
5：戸田中央メディカルケアグループ医療福祉部スーパーバイザー　秋山愛
6：東京科学大学病院医療連携支援センター医療福祉支援室ソーシャルワーカーマネジャー　伊藤亜希

執筆協力者

社会福祉法人白十字会　特別養護老人ホーム白十字ホーム（森田佳子）
社会福祉法人うらら　赤羽高齢者あんしんセンター（藤井恭子）
社会福祉法人サンライズ　特別養護老人ホームサンライズ大泉（番場隆市・蓑輪直美）
社会福祉法人浴風会　養護老人ホーム　浴風園（近藤修）
入間東部福祉会　入間東部むさしの作業所（小菅賢一・大岩浩一・齋藤敦）
社会福祉法人けやきの郷　初雁の家（内山智裕・星野武史）
医療法人真正会　霞ヶ関南病院（高瀬紀子）
社会福祉法人練馬区社会福祉協議会（実習委員会）
社会福祉法人二葉学園（小倉要）
社会福祉法人ベテスダ奉仕女母の家　（婦人保護長期入所施設）かにた婦人の村（五十嵐逸美）
社会福祉法人新宿区社会福祉事業団　新宿区立かしわヴィレッジ（橋本尚子）

ソーシャルワーク実習の新たな展開
―連携と協働でつくるプログラムとマネジメント体制―

2025年1月20日 第1版第1刷発行

	鳥	羽	美	香
編著者	篠	原	純	史
	平	野	裕	司
発行者	田	中	千津子	
発行所	㈱	学	文	社

郵便番号　153-0064　東京都目黒区下目黒3-6-1
電話（03）3715-1501（代表）　振替　00130-9-98842
https://www.gakubunsha.com

乱丁・落丁本は，本社にてお取替え致します。　　印刷／新灯印刷株式会社
定価は，カバーに表示してあります。　　　　　　　　〈検印省略〉
Ⓒ 2025 TOBA Mika, SHINOHARA Atsushi & HIRANO Yuji　Printed in Japan

ISBN 978-4-7620-3403-9